Richard Peters

Der Roman von Mahomet von Alexandre du Pont

eine sprachliche Untersuchung

Richard Peters

Der Roman von Mahomet von Alexandre du Pont
eine sprachliche Untersuchung

ISBN/EAN: 9783743424500

Hergestellt in Europa, USA, Kanada, Australien, Japan

Cover: Foto ©ninafisch / pixelio.de

Manufactured and distributed by brebook publishing software (www.brebook.com)

Richard Peters

Der Roman von Mahomet von Alexandre du Pont

Der Roman de Mahomet

von

Alexandre du Pont,

eine sprachliche Untersuchung,

Inaugural-Dissertation

zur

Erlangung der Doktorwürde

bei

hoher philosophischer Fakultät zu Erlangen

eingereicht

von

Richard Peters

aus

Bornum am Harz.

Druck von C. F. Hertel, Gandersheim.

Herrn

Professor Dr. Karl Vollmöller

in Verehrung und Dankbarkeit

GEWIDMET.

Einleitung.

Der Roman de Mahomet wurde i. J. 1831 von Fr. Michel nach der einzigen auf uns gekommenen Handschrift Nr. 7595 der Nationalbibliothek zu Paris veröffentlicht. Die Ausgabe Michels umfasst zugleich eine Prosaabhandlung des Raymund Lulle aus d. J. 1307, betitelt „Livres de la loi au Sarrazin", welche in demselben Manuskripte enthalten ist. Als Verfasser nennen uns die Schlussverse des Romans Alexandre du Pont. Dieser Name ist alles was uns über den Träger desselben bekannt ist, Nachrichten über sein Leben, über etwaige andere Werke fehlen. Als Ort der Abfassung wird im Gedicht Laon genannt, als Zeit das Jahr 1258. Auch die Quelle, aus der du Pont schöpfte, wird dort bezeichnet. Darnach lebte zu Sens in Burgund ein bekehrter Muhamedaner Dieu-donné als „cler" im Dienst des Kanonikus Adam. Derselbe erzählt seinem Herrn, was er über den arabischen Propheten erfahren hat. Durch Adam kommt das Gehörte zur Kenntnis des Abtes Gavier zu Sens, und Gavier teilt es einem Mönche seiner Abtei namens Gautier mit, welcher den Stoff zu einem lateinischen Gedichte verarbeitet. Diese Verse hat du Pont benutzt, um darnach seinen „petit romanch et estrait" zu verfassen.

II

Die Lebensgeschichte Muhameds, die Gründung des Islam, und einige kleinere Episoden zur Veranschaulichung allgemeiner Wahrheiten, bilden den Inhalt des Romans. Eine Analyse desselben mit Belegen aus dem Text giebt Raynouard im Oktoberhefte des Journal des Savants v. J. 1831.

Der Quellennachweis ist nicht gelungen. Das lateinische Gedicht scheint verloren und damit die Möglichkeit einer Prüfung, in wie weit du Pont seiner Vorlage gefolgt ist. Einige der erwähnten Episoden sind der Bibel entlehnt, in betreff anderer verweist der Herausgeber Michel auf ein lat. Gedicht des Hildebert von Mans aus den letzten Jahren des 11. Jahrhunderts (v. Hildeberti Opera ed. D. Beaugendre, Paris, Laurent le Conte 1708, in Fol. p. 1277 ff.). Jedoch scheint die Annahme, dass Hildebert's Werk auf unsern Dichter von Einfluss gewesen, wenig für sich zu haben, da die Umstände, welche die Gründung des Islam und den Tod des Propheten begleiten, durchaus verschieden sind. Die Uebereinstimmung besteht einmal darin, dass der Sarg Muhameds durch die Kraft eines Magneten frei schwebend erhalten wird, andrerseits in der Verwendung eines im verborgenen aufgezogenen Kalbes bei der Ausführung der geplanten Umwälzung. Die Fabel vom Magneten findet sich nun bereits bei Plinius libr. XXXIV, cap. XlV, bei Ausonius, und sonst häufig (v. Bayle, Dict. p. 40), sodass du Pont auch ohne Hildebert als Medium damit bekannt sein konnte. Was die zweite Episode betrifft, so wird eine kurze Wiedergabe der beiderseitigen Berichte zeigen, dass mit Ausnahme des Tieres als Werkzeug keine Ähnlichkeit vorhanden ist: Ein Kalb wird fern vom Tageslicht und fern von jeglichem lebenden Wesen von Muhamed aufgezogen. Als die Vorbereitungen beendet sind, ruft du Pont's Held das Volk zusammen, um es durch ein Wunder der neuen Lehre zu gewinnen. Auf einem Berge fleht er in lautem Gebet zu Gott um Offenbarung seines Willens. Das in der Nähe versteckt gehaltene weisse, fromme, von Brot und Wein genährte Kalb vernimmt die Stimme seines Pflegers und eilt herbei. Von seiner Stirn glänzen in goldener Schrift die neuen Gebote Muhameds; das Volk ist gewonnen. — Anders bei Hildebert. Aus dem Kalbe ist ein tobender, wutschnaubender, riesenstarker Stier geworden, sein Körper weist schreckliche Abnormitäten auf, und Tod und Verderben geht vor ihm her, als er nach seiner Freilassung durch das Land rast. So erscheint er unerwartet vor der Versammlung der Edlen, welche die Wahl eines Herrschers für den erledigten Thron von Lydien zusammengeführt hat, und die sich uneinig und drohend gegenüber stehen. Dem „Magus" gelingt es, einen Ausweg zu finden: Derjenige soll als König herrschen, welcher den Stier zu bändigen vermag. Ein mutiger, ehrgeiziger Jüngling unternimmt das Wagnis und endet schmählich unter den Hörnern und Hufen des Tieres. Da tritt das Werkzeug des Magus, der Herr des Stieres, Muhamed, herzu, und ohne Widerstand zu finden legt er das Joch auf.

Diese Darstellung Hildebert's scheint die seltenere zu sein, ich habe sie sonst nicht gefunden. Auch du Pont's Bericht über jenen Vorgang ist mir vor der Abfassungszeit des Romans nicht begegnet, nach derselben wird er häufig. So berichten, leider ohne Quellenangabe, A. Hondorff, Prompt. exempl.; Speculum hist. Cap. XL; Pocockius, Spec. hist. Arab.; die Chroniken des Cnutinus, des Sebast. Franck, u. a. m.

Als Ort der Abfassung wird p. 84 des Romans Laon genannt. Die Resultate der sprachlichen Untersuchung stimmen mit der Ortsangabe überein: überall treten uns die dialektischen Eigentümlichkeiten der pikardischen Mundart entgegen. Einige charakteristische Züge derselben fehlen, so das betonte Personalpronomen mi, ti, si statt moi, toi, soi, die abgeschwächten pikardischen Formen men, ten, sen, für mon etc., me, te, se, für ma, ta, sa, die Infinitivendung ir für oir (lat.: ēre), die Konjunktivendung iemes für ions. Was die letztere betrifft, so findet sich die erste Pers. Plur. des Konjunktivs überhaupt nur einmal, in betreff der übrigen nicht belegten Sonderheiten mag die Nähe der Ile-de-France von Einfluss gewesen sein. Auch giebt es wohl keinen Text, der sich ganz konsequent in der Anwendung der mundartlichen Züge verhielte.

Die Reimwörter zeigen keine Verschiedenheit von den im Innern des Verses verwendeten Formen, woraus der Schluss gezogen werden dürfte, dass Dichter und Kopist denselben Dialekt sprachen und dass zwischen der Abfassungszeit des Romans und der des überlieferten Manuskriptes kein grosser Zeitraum liegt, dass letzteres wahrscheinlich zwischen Mitte und Ende des dreizehnten Jahrhunderts angefertigt ist.

I. Lautlehre.
A. Vokale.
a.

an und en sind lautlich zusammengefallen und treffen sich im Reime.

tans : aidans 25; serghant : poissant 25.

Der Gebrauch von a statt e in tans, serghant etc. ist durchaus herrschend, Ausnahmen kommen nicht vor. Taus 6. 12. 22. 25. etc., serghant 11. 18. 22. 25. samble 23. ensamble 23. assamble 19. tramble 21. example 17. 22.

penitanche : esperanche 8.

an wechselt auch mit en in der Endung des Adverbs ent:

commenchemant : communaumant 29,

doch ist überall sonst ent bewahrt:

commenchement : autrement 42; ensement : communement 30; forment : torment 10. 16; communement : entirement 77;

il ment : ducement 16. u. a. m.

Ein Partizipium auf ant in Bindung mit der Endung ent des Adverbs ist nicht zu belegen.

Vor r und m, vor jenem am häufigsten, findet oft Verdumpfung des e zu a statt. Dieser Vorgang ist ein dialektischer Zug der Sprache von Paris, (Dr. E. Metzke, der Dialect von Ile-de-France im 13. u. 14. Jh. H. Arch. Bd. 64, p. 395 f.) der noch heute besteht (Nisard, Etude sur le langage populaire ou patois de Paris, cit. v. Metzke p. 392)

und nicht nur vor m und r, sondern auch vor l, n und den Sibilanten erscheint. So zeigt der R. d. M. fame:
dame: fame 26.
ein im Altfranzösischen häufig wiederkehrender Reim (vgl. Zingerle 14, Koschwitz, Charlem 55, Lücking, Älteste Mundarten p. 120 und Arch. 64, 396.) Ausser der Schreibung fame hat unser Text femme:
ames : femmes 29; femme : blasme 58;
femme : semme (seminat) 75.
Auch diese Reime sind nicht allein stehend, sondern finden sich sonst (Arch. 64, 392 etc.), das e von seminat mit a gebunden in: d'ame
Sa paine pert qui ainsi same
(Rutebeuf, M. d. Théoph.
Bartsch, Chresth. p. 371.)
Die Endung aticus, a, um giebt age im Französichen, daneben erscheint aige, welches sich, vom Osten ausgehend, nicht nur über die ganze Picardie, sondern auch bis nach Ile-de-France ausdehnt (Neumann, Z. Altfz. Lt. u. Fl. p. 13. — Arch. Bd. 65, p. 59) und das noch im 16. Jh. von Palsgrave als obligatorische Aussprache bezeichnet wird, während sein Zeitgenosse Dubois sie nicht erwähnt. (Darmest. p. 200) linages 2. hermitage : courage 6; corage : rage 10; parage : sage 20; damage : linage 46, ferner age: 36. 23. 53. etc.
a i g e : mariaige 9. 23. 31. 39. 46. 59. 67.
visaige 21. messaige 36. pucelaige 46.
age und aige reimend:
rage : mariaige 9; mariaige : linage 39;
mariaige : pucelaige 46.
Nach Förster, Cheval XXXIII wird á oft ersetzt durch ai vor ĝ, ch, ñ und vor scharfem Sibilanten, ein Vorgang, der im Burgundischen regelmässig ist. Der R. d. M. bietet einige Belege.:
saige 19. trouvaiscent 6.

aber sage 4. 20. 22. 42. u. s. f.
  sages : linages 2; escumasse : demenasse 38.
Ebenso ai für a in
  estraigne 57. montaigne 6. 45. 58. u. s. f.
Es ist sogar in die Tonlose eingedrungen:
  compaignie 27. 28. 49; compaignon 41.
Ausser in age und aige findet sich ai und a im Reime:
  s'entreloassent : abaissent 54;
  celestiane : humainne 56.
Eine pikardische Eigenheit besteht darin, dass dieser Dialekt das i der I. pers. Sing. Praes. Indic. von avoir und folglich der I. Pers. Sing. des Futurs unterdrückt (Burg. I., 1233), jedoch nicht auf avoir und das Futur beschränkt, sonderen auch bei anderen Verben und Zeiten nachgewiesen ist (Först. Chev. XXXIII). Unser Text zeigt diese Erscheinung nicht.

a vor der Tonsilbe wird zu e. Einige Fälle der Erhaltung dieses a zeigt auch der R. d. M: rachatastes 60. rachaté 63. chaist 74. baée (geule baée) 74. chaoir 51. paour 65.

e.

Die beiden vollkommen von einander verschiedenen e -é, und è, die weder im Reim noch in der Assonanz im Altfranzösischen mit einander gebunden werden[1]), sind auch im R. d. M. streng geschieden.

é kommt von à des Lateinischen vor einem einfachen Konsonanten, oder vor zwei Konsonanten, deren einer, der zweite, eine Liquida ist.

  blés 5. mer 16. asses 18. acorder 4. etc. etc.
Gerade für dieses geschlossene é aber findet sich ei im Burgundisch-Lothringischen, dem Dialekt der Ile-de-France,

---

[1]) Ausnahmen von den von G. Paris über die Trennung von é und è im Altfranzös. aufgestellten Regeln bei Tobler, Gött. gel. Anz. 1872, p. 887. cit. Arch. Bd. 64. p. 401.

der östlichen Picardie bis hoch in den Norden dieser Provinz, während Texte aus Ponthieu und Aire diese Lautung nicht aufweisen (Neum., Z. Lt. p. 15 ff; M. Brut XXII.) Im R. d. M. ist ei für e wenn auch nicht unbekannt, so doch sehr selten, nur 2 Belege:
osteil 6. morteil 73; aber osteus 54; charneus 58.
tel, quel u. s. w. zeigen stets e.

è, offenes e, entsteht aus lateinischem e und i in Position. Das Wallonische und Picardische bieten eine Besonderheit, sie verwandeln dieses è in ie, ohne jedoch das è gänzlich zu verbannen (Först. Chev. XXXVII.)
biele : damoisielle 32; puciele : damoisielle 52;
reviele : nouviele 53; nouviel : Gabriel 47;
enfier : Lucifier 74; reviel : makeriel 21.
apries 12. 41. 17. 52. 5. 3. pries 13. foriest 12. infier 16. 74. reviel 21. jovenchiel 23. biele 32. 55. damoisielle 74. 32. 52. 72. nouviel 48. 49. puciele 52. piel 59. oisiel 60. toriel 64. fier (ferrum) 78. bieste 71. apielent 39.

ie ist auch in die Tonlose gedrungen:
apieloit 1. confiession 13. bielement 23. 36. abielist 28. isnielement 31. 37. nouvielement 47. tiesmoigneries 48. tiesmoins 48. apielés 77. Wie bereits bemerkt, ist diese Lautung nicht die ausschliessliche, es findet sich auch e an dieser Stelle:
tesmoing 30. 50. tesmoignier 49.
feste : celeste 44; festes : bestes 39. 64; moleste : feste 54; honeste : celeste 55; cypres : pres 55; guerre : terre 12. 68. u. oft, terre : guerre 57. Die meisten dieser Wörter finden sich auch mit ie in unserem Texte, oder in anderen (Neum. 62). Der Reim:
terre : guerre 57.
in welchem das letztere Reimwort nie ein ie zeigt, bietet ebenfalls nichts Überraschendes, da e sich im Reime mit ie treffen kann. (Tobler, Aniel XXIII., Münch. Brut XXXII,

wo das Vorkommen solcher Reime auch im Charlemagne ed. Koschwitz p. 42. Anm. I., Settegast: Benoist p. 27 konstatiert wird.) — Das ie in tiers, tierch 40. gehört allen Dialekten an. Eine weitere Eigentümlichkeit des Pikardischen findet sich bei dem Futurum resp. Konditionel der Verben der III. Konjugation, welche das e vor dem Infinitiv-r nicht nnterdrücken (Förster, Chev. LVII), wo es als kurzes e vor dem Tone drei- und mehrsilbiger Wörter fallen sollte; daher die Formen:

   perderoie 24. rendera 74. abateras 9.
   naisteront 75. croisteront 25. deveries 84.

(Vgl. auch Zingerle 39. u. Auc. u. Nic, Suchier). Das Versmass verlangt bei allen jenen Wörtern die Zählung des e. Eine andere Verwendung findet das e nach einigen Buchstaben, um deren Lautung zu bezeichnen, so nach c, ç, g, j und nach u, um den Laut v auszudrücken. (Koschw., Charlem 25). Dahin sind zu rechnen:

   angele, archangele 13. 14. 38. 39. 48.

welches sich auch einmal ohne e findet

   angle 37.

virgene 80, dafür virge 38. jouene 18. aber jone 46. 21. 23. jonne 20. 23. (s. d. metr. Teil.) (Vgl. M. Brut. XXIII).
e ist fakultativ in or 36. 37. 41. ore 56. ferner in comme und com, worüber zahlreiche Belege.

Tonloses e beruht auf lateinischem i:

   in: versefie 8. devin 29 32. 47 51.

premerainne 40. desciples 41. 47. chrestiienner 42. crestiains 47. (aber: christiainne 41), umelioient 42. humeliant 68. enghien 58. senefient 54. senefianche 59. certefier 62, ordener 73. u. s. w.

  Das lateinische i ist erhalten:

infier 16. ynfier 29. 40. disloiaus 36. und christiainne 41.

  Tonloses e beruht auf lateinischem o:

astrenomie 40. 49. honerer 67. deshonerés 66. vigereus 31. Salemon 21. Jehan 30.

o ist erhalten:
 honoré 55. 82. honorer 56.
Tonloses e beruht auf lateinischem u:
 volenté 42. volentiers 38.
a statt e findet sich:
 asaie 60. darrainement 74. daerrains 76. anemis 65.
Endlich ist e unterdrückt in abie (: versefie) 1. statt abeie beruhend auf abbatia (Gloss. Aiol). Es findet sich diese Form auch in Aiol, wo Förster die regelrechte dafür einsetzt, und in anderen Texten pikardischen Ursprungs s. Silbenzählung.

i.

Aus lateinischem erium, eria wird ire, vgl. empire, maistire etc. Zu erwähnen ist matere 23, statt matire, welches sich auch sonst neben matire findet, so in den von Zingerle, Houdenc p. 16 untersuchten Denkmälern im Reime mit père. (Vgl. Rom. Forsch. I. 210.) — i findet sich auch mit Vorliebe statt oi in den Infinitivendungen, welche auf lateinischem ēre beruhen, so z. B. keir im chevalier p. LVI. Dieses i ist unserem Texte fremd, derselbe bietet nur Infinitive mit oi:
 veoir 3. cheoir 12. u. s. f.
Ebensowenig kennt derselbe i statt oi in den Pronomen mi, ti statt moi, toi, die dem pikardischen Dialekte eigentümlich sind. — In tonloser Silbe vor i haltigen Lauten wie: ī, ñ, s=lj, nj, sj werden die Diphthongen ai, ei, oi gern zu i (Ztschr. R. Ph. I., 409):
connissanche 1. connissoit 76. travillier 6. villier 6. consillier 8. orgillous 39. esmervilla 83. à genillons 59. mervillier 67. apparillier 73. u. oft; ebenso in den Imperfektsendungen des Konjunktivs der I. Konjugation, wo das a sich zu i abschwächt (Darmest. p. 240):
 trouvissies 26. cuidissiez 18.
endlich in der Endung ison vom latein. ationem, welches

aison geben müsste und durch die Mittelstufe oison gehend zu ison gelangt. Chev. p. XXXIX.

venison 15. pasmisons 36. orison 14.

Selten ist der Diphthong in obigen Fällen erhalten, so: agenoillies 57. ensaignies 21.

Die betonte Silbe behält den Diphthong: conseillent 65. appareillent. s'apparaille 71. u. s. f.

O.

Dieselbe Trennung von geschlossenem und offenem Laut, welche wir bei e gefunden haben, ist auch für o zu constatieren.

Jenes o, ó, beruht auf latein. langem o, auf kurzem u, auf o in Position vor den Nasalen, und oft auf u in Position.

Das sweite, offene ò, beruht auf o in Position, und auf au (G. Paris. Alexis p. 58. 59.)

Geschlossenes ó wird wiedergegeben in unserem Texte durch o, ou, seltener eu. Die Texte in pikardischem Dialekt zeigen diese Schreibung ebenso wie die der Ile-de-France (Arch. 64. 406), ou gehört jedoch mehr dem ersteren, eu dem Französischen aus Ile-de-France, o dem Osten an, während das Normannische einfaches u gebraucht.

R. d. M.: signour 7. 12. 27. u. oft, pour 7. 13. coulour 10. 21. errour 13. flour 26. paour 25. 65. onnour 26. 71. amour 37. doulour 35. 48. douchour 61. estour 66. plours 76. lour 76. resplendour 81. tour 4. 84. jour 81.

signour : onnour 24; paour : amour 25;
amour : honnour 26; jougleour : tabour 33;
resplendour : jour 81; tous, trestous 25.

ó, dargestellt durch o, nur im innern des Verses: signor 6. 11. 54. lor 6. 8. 26. por 7. 8. 26. coulors 32. honors 25. pecheor 68. toz, tos 7. —

ó dargestellt durch eu:
>leur 61. 61—77. liqeur 60. saveur 60.

in den betonten Verbalformen
>>honneure: pleure 35.
>>aeure: acqueure 62.

Wechsel zwischen ou und eu bieten die Endungen, welche auf osus beruhen:
>espeuse 44. greveuse 78. vigereus 31. glorieuse 79. tenebreuse 82.
>>chevalereus : amoureus 19; malicieus : religieus 42; espeuse : angousseuse 44; veus : greveus 46. — preciouse 55. vertuouse 79. orgillous 39.

Die Reime veus : greveus 46; tous : cremetous 39, zeigen, dass der Dichter beide Lautungen neben einander kennt. —

ó auf kurzem u, und u in Position beruhend:
>>jovenne 18. jonne 20.

Lou von lupus, hat auch die Nebenform: leu (Ztsch. I, 409), so bei uns:
>>leus : seus 7.

gulam wird gewöhnlich „gole" im Altfranzösischen, daneben geule: 74.

>û in Position: coupe 61. 69. court (curtum), tour 4. 84. tous (tussim) 20, estour 66. court (currit) 11. bouche 35.

û dargestellt durch o:
>>jors 79. (jour 73. 71)

>multum giebt: molt 30. 31. 34. 35. 36.
>>moult 18. 24. 25.

ûbi schwankt zwischen u u. ou:
>>ou 32. 57. 60.
>>u 51. 55. 36.

Dasselbe Schwanken zeigt das lateinische aut:
>>u 60. 59. 63. 66. 27. 71.
>>ou 10. 27. 53. etc. —

Das kurze lateinische ŏ.

Im Falle wo das kurze lat. betonte ŏ nicht diphthongiert wird, findet es sich zuweilen im Reime gebunden sowohl mit ó als auch mit ò. Jedoch sind dieses seltenere Ausnahmen, da ŏ meist mit sich selbst reimt. (Benoist, Setteg 17). Dahin gehören:

vòle : paròle 60; chòse : rose 21.

von denen das erstere auch im Chev. au lyon (Setteg, Benoist 17), das letztere im R. de Troie 5105 s. Setteg., im M. Brut 2570, und sonst sich findet. Der Annahme von Diez, Wörtb. 1, §. 357, dass das ursprüngliche ŏ in rósa sehr früh durch ó ersetzt sei, scheint die Bindung mit ò in chose zu widersprechen, da o altfranzös. ó geben müsste. (Benoist, Setteg. 17).

Encore, dessen o = ó sein sollte, reimt mit ò in:

encore : vole (volat) 68.

Endlich sind die beiden Reime:

parole : escole 42; court : court (currit : chortem) 55

zu notieren. In escole, welches Lüking (Ält. Mund. p. 169) von iscolla statt schola ableitet, wird o = ò. So reimt im Chev. au lyon 1797. fole : escole, im R. de la Rose escole : parole 2691 (Lük. p. 169).

In court = chortem sollte o = ò sein, jedoch findet es sich, wie auch im R. d. M., stets im Reime mit ó. (Vgl. Mer. de Portlesguez, Zingerle 18.)

Das kurze, betonte lat. ŏ erscheint im R. d. M. als

ue: puet 21; 30; 47; illuesques 11; 59; 13; trueveut 13; trueve 3; pueent 41; 74; 60; cuer 18; duel 36; uevre 81; sueffre 11.

oe: voel 8; 21, 24; etc. avoec 17; 21; voellent 26; voelle 57; 26; oevre 11; oes 19; oel 35.

eu peules 60.

Im Reime:

lues : pues 60; oevre : sueffre 11; descuevre ; oevre 26.

In den meisten citierten Formen ist demnach ŏ durch ue

dargestellt; es ist dieses ue = eu, welches sich zuweilen zu e abgeschwächt findet, bei uns kommt dieses nur in wenigen Verbalformen vor: velt 28; 37; 39; vels 39. (Vgl. Zingerle 19, Chev. Först XLI.)

In den Formen vieut: sieut 11; sieut 24; iex. 24, in denen das ursprüngliche l bereits zu u geworden ist, hat das l (so auch ï) in betonter Silbe ein i entwickelt und an den vorausgehenden Vokal abgegeben. (Först. Chev. p. XLI.) In siut 11; 17; 18; ist u für eu an die Stelle getreten, ein Vorgang, der im Pikardischen nicht selten ist, und der sich ferner zeigt in

pule 7; pules 47; (ue = eu = u), wofür auch regelrecht peules 60 steht, und in avule-il 64.

Das ŏ in der Endung ŏcum der Wörter locum, jocum, focum wird regelrecht ue in

lues 60; lues : pues 60.

focum giebt feu 65, die pikardische Form ist hingegen fu (Chev. Först. XL); jocum kommt im R. d. M. nicht vor, locum giebt die echt pikardische Form liu:

lius 56; 43; liu 25; 42; 52; u. oft.

cius : lius 14; Diu : liu 54; liu : Diu 57.

ebenso wie Diu, cius, die pikardische Eigentümlichkeit der Abschwächung des eu zu u bieten.

o + n giebt häufig oi in der Pikardie, der Kopist des Chev. as 2 espces bedient sich dieser Schreibung, ebenso wie die Sprache im Dis d. v. Aniel und in anderen Monumenten sie aufweist. Dieses oi findet sich im R. d. M. nur in

deboinaire 60, und boine : Babyloine 83, sonst nicht: Babylone, Babylon 83; bonne : jonne 20; donne : bonne 25; jone : bone 23.

Zu erwähnen bleibt das u in: Thumas 41, und in sunt 73. ont : sunt, eine Schreibweise die nicht selten ist (Neum. Z. Lt. u. Fl. 44, s. auch Chev. as 2 esp.) Die Wörter Loon 84, wo das 2te o auf u (Laudunum) beruht, poon 15, wo das a in pavonem zu o abgeschwächt ist, finden sich auch in anderen Texten.

o in der Tonlosen.

In Betreff dieses o herrscht Schwanken zwischen den Schreibungen o und ou, oft in demselben Worte:

o: molin 5; torment 46; corage 30; volés 70; mostrer 23; morir 30; dolour 42; etc.

ou: moustracion 29; demoustra, moustra 29; promist 38 neben proumis 58; proumet 37; mostier 74 neben moustier 56; trové 76, neben trouvé 62 etc.

B. Diphthonge.

ai, ei.

Vor Nasal haben ai und ei Gleichklang, ai tritt häufig für ei ein, um lateinisches e darzustellen, der umgekehrte Gebrauch: ei für ai ist jedoch nicht belegt. Ebenso wenig wie ai durch ei bezeichnet wird, tritt zur Darstellung dieses Lautes e ein, während die Schreibung mit e sonst häufig, in den Documenten aus Ile-de-France geradezu herrschend ist (Arch. Bd. 65 p. 57.) Vgl. auch M. Brut XXVII; Först. Cheval. XXXIV, Benoist, Setteg. p. 22. f. u. a.) Im R. d. M. zeigen Vermischung der beiden Diphthonge:

vainne : painne 10; semainne : painne 78; Magdelainne : sainne 68.

Wie lateinisches e wird auch lateinisches kurzes i durch ai dargestellt und zwar regelmässig so, ohne mit ei oder è zu wechseln, in:

mainne (= minat): romainne 61; mainne : painne 76; demainne : painne 43; amainnent : demainnent 31; se faint : Saint 19.

ferner:
ensaigne 76; saigné 77; ensaigner 21; faignant 31; taintes 32; 71; mains 36 u. oft. —
Vor mouilliertem l findet sich ai und ei ebenfalls gemischt: Neben Reimen wie
appareillent : conseillent 65; bataille : vaille 67, findet sich: bataille: s'apparaille 71. Vgl. hierzu Reime wie conseil : traveil; traveille : merveille u. a. Arch. Bd. 65. p. 62. Auch das Beispiel Chascuns d'assailler s'apparaille.
Burg. I, 174)
Vor nasaler Palatalis wechselt auch e mit ai in: revaigne (reveniat) : raingne 58; tengne : vengne 28; saigne 65; viegnent 76.
Die Orthographie schwankt zwischen ai, ei, e im Praesens Ind. u. Konj. einiger Verba: Sait 45; seit 10; 12; 74, welche die spätere Orthographie darstellen, im Gegensatz zu den nach Analogie von sévent gebildeten Schreibungen ses, set (Först. Nfr. Ztschr. I, 88). Ferner het 21; se test 24; se taist 36; se taise 37.
Zu erwähnen ist auch: revaing 43, neben häufigem revint.
Nicht allein das Burgundische, sondern auch das Lothringische, Pikardische (Lüttich) und selbst das Normannische verwendet ei um lat. à darzustellen, so in doneir, ameir, in asseiz, parentei etc. (Boeh. Rom. Stud. I, 602 u. dort cit.: Först. Gregoire I, S. IX.) Dieser Gebrauch ist dem R. d. M. gänzlich fremd. Ueber ai und ei in unbetonter Silbe und dafür eintretendes i, ist bei i gesprochen worden.

oi, ui.

Die Fälle der Herkunft der beiden Diphthongen aufzuführen, ist nicht nötig; erwähnt sei, dass nirgends für oi das normannische ei eintritt. Einige Verba zeigen in der älteren Sprache Doppelformen mit oi und einfachem i: otrie : mie 79; otroi : foi 47; otroie : voie 45; otroient : proient 53; otroié : anoié 48.

ebenso in dem aus lateinischem precari entwickelten proier 60. prier 51; proie 7; prie 7; priié 67; proié 55. pria : ensi a 62; se ploie : proie 59. proioit 7; 9; proions 61; proière 60. Nach Arch. Bd. 65, p. 63 ist prier von preier, nicht aus proier abzuleiten, da Kontraktion von oi zu i nicht französisch ist. Prier kommt von preier, wie lit von leit (lectum), und prier ist deshalb an Alter proier gleich. (Vgl. auch Förster, Chev. XXXIX und die von Dr. Metzge Arch. 65, p. 63, cit. Reime aus Dichtern der Ile-de-France). —

Aus ei entwickelt der Burgundische Dialekt vor l, ī, n = oi, wie in consoil, poine, moins etc. (Chev. XXXIX; Lücking p. 203.) Dieses oi ist dem R. d. M. nicht eigen, überall tritt ei, ai dafür ein; auch das vom lat. vado kommende Praes. Indik. des Zeitworts aller zeigt nur ai = vait (resp. va), nie den Diphthong oi.

oi findet sich in einer beschränkten Anzahl von Verbalformen, wo es auf lateinischem etis beruht und für älteres ei steht. Im Futurum findet sich dieses oi noch sporadisch im Anfang des 14. Jh. in den Dokumenten aus Ile-de-France, jedoch nicht mehr im Praesens. (Vgl. Arch. 65. p. 64.) Das Vorkommen dieses oi ist im R. d. M. auf 4 Stellen beschränkt,

aurois 23; devrois 68; avois : savois 21.

Im Pikardischen wird oi oft zu o, gleichgiltig ob oi aus o + J oder ei entsteht. Daher Formen wie veor, ivore etc., (Cheval. XXXIX). Ebenso kann auch die pikardische Form bos erklärt werden (aber auch regelrecht aus buscum bosc, bos Chev. XL), welche neben bois p. 13 erscheint: bos 5; 12. —

Eine Anzahl von Wörtern zeigt im Altfranzösischen Schwanken zwischen oi und ui, während andere sich bereits für den einen oder anderen der beiden Diphthonge entschieden haben.

So besteht im R. d. M. anui neben anoi; nului : anui 26;
anui : sui 78; anois : fois 63; anoi : loi 28; 38.
Andere Wörter lassen keinen Schluss zu, da sie nur ein
oder wenige Male erscheinen:
puins 76; crois 17; 40; uis 35; 36; nuit 81; poissans 18; 25;
doi stets mit oi 12; 79; 80.
In dem Adjectivum angoisseus oder anguisseus vom lat.
angustia + osus, zeigt der R. d. M. statt oi oder ui = ou;
angousseuse 44.
In manchen Texten reimt i sowohl als u mit ui (Chev. XLIII
und die dort cit. Belege aus anderen Texten.) Das erste
Beispiel der Bindung von ui mit u findet sich in der
Voyage de Charlemagne (hui-vertut, p. 153), ui und i
kreuzen sich im Reime bei Ph. de Thaun, Wace, Benoit
de St. M., sowie sonst (Tobler, Aniel XXIII ff). Im
R. d. M. ein Beispiel von ui: u in autru: lui 39. —
i : ui ist dagegen häufiger (Vgl. Zingerle, Houdenc 21,
Förster, Richars XIII.) Der Dialekt von Ile-de-France
scheint später zu ui aus úi gelangt zu sein (Arch. Bd. 65,
p. 69). Unser Text reimt:
cuite : fuite 46 (cuite = kite); fuir : morir 30; cuivre :
vivre 51; wit : Jhesucrist 84.
oi : i = dirent : oirent 54.

eu, ieu, iu.

eu von lat. geschlossenem ó neben ou ist bei o besprochen
worden. Ebenso ist erwähnt worden, wie eu neben oe und
ue vom lat. ŏ abzuleiten ist, z. B. in den Wörtern leus,
jeus, feus, von denen nur das letztere mit eu im R. d. M.
erscheint, während leus von locum dem pikardischem
Sprachgebrauche folgend das eu durch u ersetzt. Dieselbe'
Reduction von eu zu u zeigen die Wörter Diu, Giu, cius.
Diu : liu 54; 57; Giu : Diu 16; lius : cius 14.
Das eu ist selten erhalten: Dex : Griex 40 (x = us).

Grosses Schwanken herrscht im latein. Deus: Dex 14; 15; 19; 28; 38; 39; etc. Dieu 30; Diex 53; Diu 2; 7; 8; 9; 10; 13; 17; u. oft.

Die Schreibung iu statt ieu in der Pikardie ist nach Neumann (Z. Lt. u. Fl. p. 42) älter als die mit ieu, welche letztere gegen die Mitte des 13. Jahrh. herrschend wurde. Statt ieu zeigt sich zuweilen eine Abschwächung desselben zu ie wie in miedre, siet (v. Cheval. XLIV); der R. d. M. bietet keinen Beleg dazu.

Tobler, Aniel p. XXV, konstatiert die Gleichwertigkeit von ius, ils (ī eingeschlossen) èls, eus, in der pikardischen Mundart. Hierüber giebt der R. d. M. keinen Aufschluss, ius nur findet sich einmal in soutius (= soutil + s) 62, überall sonst ist das l erhalten oder vor dem s der Flexion gefallen. So findet sich stets fils in dieser Form, und mit unterdrücktem l: gentis 30; vis (vil + s) 8; cis 55. Vgl. Deklination.

Eigentümlich ist auch der Pikardie die doppelte Verwendung els (lat. al), einmal als eus, andrerseits als es (Tobler, Aniel XXVIII). Die Reime des R. d. M. geben hierüber keinen Aufschluss, im Innern des Verses ist obiger Vorgang ebenfalls höchst selten: teus 79, neben tes 39; 40.

Ausser diesen Stellen findet sich je einmal: osteus 54; charneus 58; und ques 4. stets in dieser Form.

au, iau.

Ausser aus latein. a + vokalisiertem l, entsteht au, wofür auch eau und iau erscheint, aus el + Kons. und il + Kons.

el + Kons. = au bietet nichts Eigentümliches, sondern gehört allen Dialekten an. Entgegen der Annahme von Raynand a. a. O. p. 21, der iau für dieses au, resp. eau dem Pikardischen zuweist, zeigen die Denkmäler aus Ile-de-France im 13. u. 14. Jh. iau in überwiegender Weise,

(Arch. Bd. 65. p. 76) und speciell ist es der Sprache von Paris angehörig und dort noch im heutigen Patois gewöhnlich (s. Nisard, Etude sur le lang. ou patois d. P. p. 171 (cit. Arch. 65, 76). Dieses iau ist auch im R. d. M. ausschliesslich zu finden: biaus 11; 55; biauté 64; morsiaus 43; mantiaus 31; toriaus 59; 62; 64; vaissiaus 77; castiaus 18; joiaus 16. toriaus : biaus 64.

Eine Eigentümlichkeit der Mundart der Pikardie, die aber auch im Burgundischen und, wenn auch weniger häufig, in der Ile-de-France angetroffen wird, ist die gleiche Behandlung von el + Kons und il + Kons; denn auch die letztere Endung giebt im Pikardischen au, iau, wofür die übrigen Mundarten vorzugsweise eu setzen. (Neumann p. 60. Förster, Ztsch. I, 564 ff. Arch. Bd. 65, 79.) Daher die Formen, denen latein. ecce illos resp. illos zu Grunde liegt: chiaus 63; iaus 70; 73; 73. entr' iaus 65. Dafür aus: 52; 55; 66. Derselbe Vorgang ist zu verzeichnen bei il + Kons, wenn l = ľ ist: consaus 22; solaus 73. Die Aussprache gesichert durch:

consaus : loiaus (loial + s) 22.

Auch zeigt dieser Reim, wie aus und iaus mit einander gebunden werden können.

Endlich gehört speciell dem pikardisch-wallonischen Dialekte die Entwickelung von òl + Kons. zu au an, wofür die übrigen Dialekte o gebrauchen. Für das Pikardische wird also òl + Kons gleichlautend mit au + Kons; òl wird zunächst zu ou, dann au in der Pikardie und bei den Wallonen, o in den übrigen Dialekten. (Suchier, Auc. 63; Tobler Aniel XXIX).

R. d. M: vaurra 62; vaurroit 10; valt 36; mit Beibehaltung des l in der Schrift: vaurions 70. Daneben finden sich vereinzelt die Formen mit o: volsist 52; volront 63; cols 73; statt caus, ebenso wie auch ol = au in ausser pikardischen

Texten zuweilen angetroffen wird, wie im Livre des Métiers
aus Paris (Vgl. Arch. Bd. 65 p. 78).

ie.

ie aus kurzem betonten lat. e bietet nichts besonderes.
Die betonte Stammsilbe der Verba zeigt es: revient : con-
tient 19; vient : devient 20; eslieve : grieve 42; viegnent 66;
tient 21; avient 22. während die unbetonte Silbe ihr e bewahrt: revenra 9; tenra 10; 65; 75; revenrons 17; venras 48;
convenras 49. Das Eindringen von ie in die unbetonte
Silbe nach Analgie der betonten beginnt Ende des 13. u.
Anfang des 14. Jh. (Arch. Bd. 65. p. 75.) Die 2 Pers.
Praes. Ind. und III. Pers. des Futurs von estre zeigt ie
neben e: ert 16; 20; iert 9; es 9; 46; ies 9.

Statt ie von e zeigt der Dialekt der Champagne nach
Burguy I, 388 in einigen Verbalformen ai oder e. Dahin
gehört im R. d. M. revaing 43 = 1 Pers. Praes. Ind.
von revenir.

ie wird zuweilen zu einfachem i abgeschwächt, so in
Verbalformen wie vinent, tinent (Zingerle 17), eine Eigentümlichkeit, welche Burguy I, 388 hauptsächlich für die
Sprache von Burgund in Anspruch nimmt. Der R. d. M.
kennt diesen Vorgang nur in dem Adverb entirement 74; 77,
wo das i ausserdem nicht betont ist. —

Die Pikardisch-Wallonisch-Lothringische Mundart
liebt die Verkürzung von iée in ie (Suchier, Auc. 65.
Först. Ztschr. I, 146.) Diese Accentverrückung beschränkt sich
nicht auf das Partizip, sondern findet sich auch in Stämmen, so
z. B. im Praes.: chient statt chieent, sient statt sieent und lie
statt liée (Ztschr. I. 411, Anm. I). Zahlreiche Belege,
wenn auch nicht im Stamme von Verben, liefert unser
Text: mie : consillie 18; lie : compaignie 49; apaisie :
prisie 37; maladie : esmaie 37; prisie : prophesie 46; atachie :

compaignie 59; a ost banie : rengie 72; laissies : maisnies 72; avillie : mie 18; maisnie : fuie 35 u. s. f.

Nur 3 mal ist iée erhalten : mariée : pensée 20; mandée : criée 52; curée : mariée 53.

ie kommt aus lat. á + i in den Wörtern auf arius, arium : chevalier 5; escuier 12; deniers 5; vergiers 5; destrier 20; volentiers 22; 25; in denen auf erium. aus lat. e + i : moustier 56; 74. Statt arius, arium liegt arem zu Grunde in den Formen sangler, piler, escoler etc. von singularis, pilaris, scholaris (Darmest. p. 210), vgl. auch M. Brut XXVIII und die dort cit. Literat. Rom. Stud. 1. 607. Tobler. Jahrb. 15, 262 u. s. w.) Dahin gehört in R. d. M: bacheler, bacheler : celer 18. Gelehrt ist matere 23, von materia, wofür wir matire erwarten. —

ie statt e beruhend auf lat. á, findet sich nach dem Barth'schen Gesetze (vgl. dazu G. Paris, Alexius p. 79) ziemlich regelmässig überall gesetzt chief 5; chiere 8; mangier 8, pechié 12; chien 15; mangier 8; encerchier 17; vengier 14; tribuchier 12; prechier 42; tesmoignier 49; laidengié 9; chargié 11; clofichié 17; couchié 24; Imperativ: chargies 11; sachies 56; 75; — rechargièrent 15; drechièrent 15; trouvissies 26; laissies 27; cuidassiez 18; connussies 44; baillié 55; agenoilliés 52; priié 67; paié 14 u. s. f. Ausnahme: saigné 40; aber: ensaignié 77; ensaignier 40.

Das Suffix ianus erscheint als iain und ien: crestiains : Sains 47; cristiainne : humainne 41; und: /estiien 46; crestiienner 41, sonst nur ien: anchiien; anciiennes 46; Indiiens 11; u s. f.

Endlich findet sich ie in:
miennuit 45, von mediam noctem, abriévé 5, statt abrivé von adbrigatum und wie auch sonst steht ie statt e zuweilen in crié. So im R. d. M.: crié 60 = créé.

C. Konsonanten.

1. Liquidae.

Die Auflösung des l zu u ist geschehen:
autre 4; 19; 27; 31; loiaument 6; desloiaus 9; maudite 10; miex 10; 22; 23; 24; vauroit 10; vaurions 70; vausist 2; chevauçant 12; meudit 17; autrui 22; iex 24; 60; haut 31; 36; 59; chevaus 65; chiaus 63; iaus 65; caude 75; bausme 78; ingaument 79; teus 79; etc. etc.

Die Schrift behält das l oftmals bei: velt 19; 25; 39; 43; del tout 1; 23; 43; valt 7; 37; 69; 76; malvais 12; 15; 17; 43; colpé 13; miels 16; 22; 42; 74; 76; vels 22; 37; volra 27; fols 40; cols 73; (cop 74) voltée 78; sielt 82.

Im Reime kommt nur aufgelöstes l vor: faut : vaut 16; loiaus : consaus 22; toriaus : biaus 64; vieut : sieut 11; veus : greveus 46; cius : lius 14. Die letzten beiden Reime sind beweisend für die vollzogene Umwandlung. Ueber il + Kons = ius wie in soutius, und das Ausfallen des l vor s in gentis, vis, cis ist bei den Diphthongen gesprochen worden. Ebenso wird l unterdrückt vor Flexions s: ques ans 4; seus 7; 27; 64; seus : leus 7; nus 12; 32; 42; 45; nus : venus 32; 52; nus : quenus 51; tez 39; tes 40, aber tels 54, und mit Auflösung von l zu u: teus 79. Ausser dieser pikardischen Unterdrückung des l vor folgendem Konsonanten ist derselbe Vorgang zu konstatieren in: embasmée 78; — neben bausme 78, in cop 74; — neben cols 73, und schliesslich in mas statt mals = maus, um zu reimen mit bas: mas : bas 15.

Häufig blieb nach Auflösung des l zu u ersteres neben dem u in der Schrift erhalten. Im R. d. M. ist dieser Fall selten: aultre 25; moult 18; 24; 25; (neben molt 4; 7; 12; etc.). während die Form mout nur in Zusammensetzungen vorkommt: mouteplioit 17; mouteplia 77. Erweichtes l wird im Inlaut übereinstimmend mit dem modernen Sprachgebrauch durch ill, am Ende des Wortes durch il dargestellt: taillies 31; merveille 57; baillié 57; bataille 71; orgueil 78; 84. Jedoch ist in einigen Fällen das i unterdrückt: veroullié 36; orguel 20, und stets in den Wörtern: vielleche 67; vielle 58; viellard 22; viel 28 etc. Es versteht sich von selbst, dass in den Wörtern morteil, osteil, wo ei auf lat. a beruht, das i nicht ein mouilliertes l anzudeuten hat.

r.

Metathese des r findet statt: gouvrener 18; 76; gouvrenera 20; pourti 22; artimetike 3; querroit (croire) 22; glontrennic 78. Die Texte des Altfranzösischen weisen häufig ein eingeschobenes r nach einer Dentalis auf, so in honestre, escientre etc. (Neumann p. 70). Im R. d. M. ist diese Einschiebung nur einmal zu belegen: tristres 36.

m, n.

Die Orthographie schwankt häufig am Silben- oder Wortende zwischen m und n. m findet sich gern vor einer Labialis: em parady 9; 10; 46; 50; 70; em Perse 11; em pais 24; 77; em bas 24; em proiant 25; em proie 59. ebenso: 61; 71; 82; 84; 27; etc.

Burguy I, 175 verweist dieses m hauptsächlich nach der Pikardie, Ile-de-France und nach Touraine. Vom lat. inde sind die ursprünglichen Formen des Altfranzösischen int, ent (Eide, Eulalia). In der Pikardie und Ile-de-France erhalten sich dieselben lange (Burguy I. 175). Im R. d. M. nur: m'ent toute 56; fui t'ent sus de moi 8.

n statt m: menbres 31; sanle 81, jedoch sind diese Fälle vereinzelt, und die regelmässigen Formen herrschend: chambres 35; samble 27; assamblent : dessamblent 39. Für latein. m am Ende des Wortes bedient sich der R. d. M. sowohl des m als des n: fain 16; non 2; 29; 82 u. stets so. con 11; 15; 58; 73; Mahon 74; 81; 84, daneben: com 9; 8;

11; 29; hom 6; 7; 10; 13; 30; 32; Mahom 31; 36; 37. Vor dem s der Flexion wird m zu n: Mahons 17; 18; 19; 20; hons 4; 23; 59; Adans 2. Das Pikardische begünstigt die Einschiebung eines n vor den Dentalen, so zeigt der Kopist des Chevaliers as 2 esp., diese Eigentümlichkeit oft. (Först. Chev. L). Hierzu giebt unser Text keinen Beleg. Vor einer Gutturale findet es sich jedoch eingeschoben in: ingaument 79. Häufig fällt n aus: moustier 56; couvent 47; moustrés-le 30; mostier 74; couvient 67; 70; demoustra 82; mostrer 38; couvignable 27. n hat sich assimiliert an f in: effanche 23. Das mouillierte n wird im Innern des Wortes dargestellt durch gn, ign, ngn: revaigne 58; viegnent; montaigne 6; compaignie 6; brehaigne 76; ensaigne 76; — tengne : vengne 28; ensaingna 76; raingne 58; taingne 65; — tesmoignier 48; besoigne 31; caroingne 78; moignes 2; chanoignes : moignes 1; chanoigne : Bourgoigne 1.

Statt eines einfachen n verstärkt unser Text dasselbe am Ende des Wortes häufig durch g: tesmoing 30; 44; 50; besoing 31; revaing 43; doing 44. welches g vor dem s der Flexion fällt: tiesmoins 48. In vielen pikardischen Texten findet man diese Wörter mit einfach g statt ng geschrieben, wie z. B. doig, tesmoig etc., eine Schreibweise, in der Raynaud und Neumann p. 40 das Mittel erkennen, den mouillierten Laut zu bezeichnen, während Koschwitz, Charlemagne p. 27 darin nur die Bezeichnung des Nasallautes sieht.

Es bleibt zu erwähnen das Fehlen von d und b in den Verbindungen n-r, l-r, m-l, wo die Normandie und der Dialekt von Ile-de-France des Wohlklanges wegen die betr. Buchstaben setzten (Suchier, Auc. 58): tenra 10; revenra 9; vanroit 10; volroie 24; volra 27; venra 48; volront 63; 66; convenra 49 etc. In der Verbindung m-l ist dagegen das euphonische b überwiegend: Neben sanle 81, findet sich: samble 27; assamblée 52; assamblent : dessamblent 39. Endlich fehlt b in der Verbindung bl in dem Worte pules 7; 47; peules 60. eine Bildung, welche das Pikardische, Wallonische und Lothringische begünstigten (Suchier, Auc.).

Dentale.

Ueber euphonisches eingeschobenes d in den Verbalformen ist bei den Liquiden gesprochen; wie sonst findet sich das bekannte d in dem Eigennamen Ladre 16. Die durch lat. Konsonanz gestützte Dentalis ist wie immer im Altfranz. erhalten. Die auslautende Dentalis in den Endungen et, iet, it, oit, ut, in denen das t auf isoliertem lat. t beruht, zeigt ein vom Sprachgebrauch des Pikardischen abweichendes Verhalten. Letzteres pflegt die Dentalis in der betonten Endsilbe zu erhalten, eine Erscheinung, die auch dem Burgundisch-Lothringischen nicht fremd ist und von Tobler, Aniel XXIV im ganzen Nordosten und meist in den Partizipialendungen ut, et nachgewiesen wird (V. Mall, Comp. 71, Koschw. Charlem. 60, ferner die Belege aus den von Neumann unters. Charten und die dem Kopisten gehörenden Formen des Chev. as 2 esp.) Im R. d. M. ist dieses t überall gefallen, mit einer Ausnahme. In Bezug auf die Endungen der Partizipien lassen die Reime allerdings keinen unbedingten Schluss zu, da sie nur unter einander reimen, jedoch lässt die Abwesenheit des t sowohl im Innern des Verses, als auch im Reime, eine Regelmässigkeit, die nur durch eine Ausnahme unterbrochen wird, die Annahme des Ausfalles gerechtfertigt erscheinen. Partizipien ohne t: esté : crestiienté 1; muebles : blés 3; veu : apercheu 8; chargié : pechié 12; menu : revenu 12; verité : nobilité 13. Ausnahme: but (part. passé): dut (passé déf.) 61. Das Fallen der auslautenden Dentalis wird endlich bewiesen für foi = fidem: foi : toi 9; 18; foi : soi 7; im Innern des Verses erscheint einmal die ältere Form in foit 41. Ebenso nut (nudum) 38.

Das t ist im Schwanken begriffen in tut (pass. déf. v. estre): tu 13; 14; 15; 68; 77; etc. — tut 1; 18. Im Reime nur: veu : fu 4. Statt auslautender Dentalis steht in der I. Pers. Sing. Praes. ein c. (s. Konjugation) im Pikardischen: je menc 25. Wie in foit und nut ist das finale t bewahrt in pourfit 22, dagegen gefallen im Reime: pourfi : repondi 22; de fi : pourfi 22.

S.

Alle Dialekte, mit Ausnahme des Pikardischen, drücken ts durch z aus, der pikardische allein bezeichnet ts durch s. Der pikardische Gebrauch ist im R. d. M. ungemein regelmässig durchgeführt, im ganzen Texte kommt ein z nur viermal vor: gens 9; grans 9; adrois 31; asses 21; parles 19; penses : senes 20; avois : savois 21; aurois 22; tormens 16. avenans 32, etc. Beweisende Reime: apers : vers 31. adrois : rois 31. Z findet sich: cuidissiez 19; toz 8; 9; 51. Am Ende eines Wortes ist s zuweilen ausgefallen, so in diron 72, um zu reimen mit environ; diron : environ 72. In faison-le 71, und in faite, statt faites 45.

S vor Liquiden und Muten ist im Osten verstummt in der ersten Hälfte des 13. Jh. und zwar zuerst vor m. n. l. dann auch vor den Muten (Neumann p. 109); das Verschwinden des s für die Aussprache datiert jedoch bereits aus der zweiten Hälfte des 12. Jh. (Förster, Chev. LI).

Das Verstummen des s in unserem Falle geht hervor a) daraus, dass es sich eingeschoben findet, wo es etymologisch nicht begründet ist, b) aus der Nichtbeachtung des s im Reime. Seit 1250, sagt Burguy II, 6, findet sich häufig ein s eingeschoben in der Form ut = ust, wodurch die Unterscheidung des Passé déf. und des Imp. des Konjunktivs sehr schwierig gemacht wird; — und in Betreff des Verbs dire konstatiert er, dass ungefähr von derselben Zeit an das Praes. Indic. in der 3 Pers. Sing oft mit s = dist gefunden werde, besonders in der Pikardie. Im R. d. M. findet sich s eingeschoben; doist estre = doit 73 ebenso doist 78; escrist 2 (Jhesucrist : escrist); perist 60. resplendist 55, und oft dist 15; 19; 22; 25; 45 etc. Regelmässig steht escrit; escrites : ypocrites 62. s ist im Reime vernachlässigt : femme : blasme 58; se dejete : teste 35; dist : repondi 13; crisolistes : eslites 73; dit : Jhesucrist 41; Jhesucrist : wit 84.

Der Imperativ von dire nimmt s: dis (dictum): dis 37; aber respondi di : (Imperativ) 22.

Unser Text bewahrt s vor m, n, l in der Schrift, so in meisme 38, und oft. (Saintisme : meisme 18); blasme : blasme 28; batesme: cresme 20; cascun, resgarder 19; esmeu 20; vostre 27. In Betreff des Ausfalls des s in den Pronominalformen vo, no vgl. Pronomen.

Gutturale.

Lateinisches c vor lat. a wird im Französischen zu ch mit Ausnahme in der pikardischen Mundart, welche in diesem Falle c mit dem Klange von k bewahrt. Der R. d. M. ist vollständig schwankend in Betreff der Darstellung dieses c;

a) Mit erhaltenem c;
castiaus 16; castelains 5; 16; cange 10; castoie 12; escarnir 24; canchons 34; cambres 36; carité 62; campestre 73; caude 75; caroingne 78; cascun 7; 11; 26; 42; 64;

b) lat. c dargestellt durch ch;
chans 4; chanoigne 1; char 7; 8; 41; 56; chargié 11; 12; rechargierent 11; chaï 35; chair 73; chaiens 48, chambre 36; cha 55; 60; charneus 58; choses 50; chamberiere 18; chascun 8; 11; 21; 25; 26; 27; 30; 47; 53; 59; etc.

c) Endlich bietet der Text für etymologisches c = ç in chevauçant 12.

Unser Text folgt hier, wie obige Belege zeigen, nicht ausschliesslich dem pikardischen Gebrauche, der allgemein französische ist sogar der überwiegende Laut; jedoch bleibt zu berücksichtigen, dass die pikard. Handschriften durchaus nicht konsequent in der Anwendung der obigen Lautbezeichnung verfahren. (Först., Chev. LIII).

Einige pikardische Texte erhalten den Laut k von lat. c nicht nur vor ursprünglich dunkelen Vokalen, sondern auch vor e, ie = lat. a. (Vgl. Neumann's Belege aus Texten von Vermandois u. Ponthieu), während die übrige Pikardie hier c + e, ie (von lat. a) behandelt wie c + e, i des Lat. und ti + Vokal. Den einzigen Beleg im R. d. M. zu diesem k vor e aus lat. a liefert kenus 21; quenus 64. sonst nur ch: chevalerie 17; cheus 13; bacheler 18; pecheor 68; miche 6; chevaus 73; 74; chief 5; 58; chiere 7; 12; chien 17; clofichié 17; conchié 20; pechié 12; u. s. f.

c + e oder i des Latein., und ti + Vok. giebt im Pikardischen ch: conmissanche 1; ichi 1; chi 41; 51; rachine 47; fache (facies) 48; dechevoir 30; fache 13; 23; 28; achier 25; princhc 32; chiel 64; douche 38; aperchevoir 61; chou 13; che 47; 49; 53; chians 63; chil 81; 55; chelni 22; 27; 38; dechen 44; 50; nobleche 47; tristeche 48; forche 4; 25; astinenche 7; penitanche 7; esperanche 36; Franche 26; canchons 34; anchiien 55; rikeche 39. Ausnahmen: ciel 64; cerchier (circare) 12; celier 5.

Ausserdem bilden Ausnahme: cil 41; 42; 16; cest 12; 14; 16; 18; 30; cel. cele 69; ces 65; preciens 50; precious 55; genices 70; c'estoit 53; c'est 83; 75; — çon — ç'ait 71.

Wie Tobler, Aniel XXI zeigt, besitzt dieses c nicht den heutigen Laut des c vor hellem Vokal, sondern den des modern französischen ch.

Nur einmal tritt für obiges c = ch der k-Laut ein in: rekent 75; aber rechnt 38; 50.

Statt des einfachen c, resp. ch verwendet unser Text; sc in: grasce 29; 69; 53; avarisce 26; 78; visce 78; visce : avarisce 78; Sacrofisce: genice 70. Die Aussprache ergiebt sich aus der Bindung von sc mit einfachem c.

Zu der obigen pikard. Eigentümlichkeit liefert unser Text keine beweisende Reime, da die Wörter nur unter sich reimen. Zu erwähnen bleibt der Reim: sache : avantage 23, in welchem der tönende palatale Spirant dem tonlosen in der Aussprache gleichgestellt wird. (Vgl. Arch. Bd. 65. p. 82.)

Das latein. qu. welches dem K-Laut entspricht, ist auf verschiedene Weise dargestellt: aucuns 4; 13; auchun 14 35; 19; 20; 24; 52. eskuier 32; escuier 14 u. oft.

qui 7; 12; 39; 15; ki 6; 7 ; 13; 15; 16; 23 etc. que 16; 18; 24; 15; ke 66; 14 u. oft. k'il 49; 50; 26; 15; q' =45; 55; (" à terre 38; c'on 10; c'aucuns 13; c'ains 53; ferner 59; 66; 71; 66; 46. artimetike-logike- musike-retorike und retorique = p. 19. qu erscheint in quassée 58; qu = k in cinkante 84. Am Ende des Wortes steht ch in: tierch 40; romanch 2; neben tiers 79; romans 84. Endlich findet sich ch in blanch 52.

G.

G wird im R. d. M. gebraucht, um die tönende interdentale Spirans zu bezeichnen in: mangoit 8; manga 64, neben manja 41, und borjois 32. Den gutturalen Mediallaut deutet die Schreibung gh an in enghien 58; in longhement 4; 59; longhe 58; langhe 37; 44; aighe 29.

Dieses gh bezeichnet ausserdem den Laut des g resp. j in mang(j)a in der Schreibung: saghement 6; 12, neben der sich findet: sagement 19; 20; — und in serghans 16; 22; 25; 55. In gille 1, wofür guille 2 steht, stellt g den gutturalen Laut dar.

Latein. j ist erhalten in jesir 24, g geworden: gist 82 und wird stets durch jh dargestellt in Jhesucrist. Das palatale g im Personalpronomen je erscheint als je, jou, als g' und als ch in che.

Labiale.

Die Labiale ist gefallen in aroie 24, erhalten in auroie, auras (s. Dekl.); ebenso fällt sie in desront 30; briement 57; sanle 81 (sonst samble). In betreff des Ausfalls der Labiale vor flexivischem s vgl. Deklination.

Allgemeines zu den Konsonanten.

Der pikard. Dialekt liebt die Verdoppelung eines einfachen Konsonanten, und umgekehrt die Vereinfachung einer doppelten Konsonanz. (Förster, Chev. XLVII)

Im allgemeinen zeigt unser Text eine korrekte Orthographie, Abweichungen sind:

t: letres 57; sajetes 74; regretent 76. sowie stets metre und seine Komposita.
s: asaie 60; aservir 66; resçusita 17.
r: occirre 66; desirre 42.

défendre hat nur Formen mit doppeltem f: deffendent 74; deffense 75; deffendu 70; 68; etc. Wechsel zwischen einfachem und doppeltem Konsonanten: pieres 84; 81; 55; — pierres 73; 58; pories 70; — porroit 63; porrai 50. Die Nasalen m und n zeigen grosse Vorliebe für Gemination: painnes 67; certainnement 77; ainnment 66; Romme 63; 15; ramainne 61; mainne 63; humainne 56; cristiainne 41; semainne 78; Magdelainne: sainne 68 u. s. f.

II. Flexionslehre.

1. Deklination.

A. Feminina.

Die Feminina der lat. 1. Dekl. bieten keine Abweichung vom altfranzösischen Sprachgebrauch, sie fügen flexivisches s an den Plural, der Singular bleibt unflektiert. Die Femina der III. lat. Dekl. fügen s an den Nominat. Sing. und an den Nom. u. Cas. obl. des Plural.

Nom. Sing.: la loys 9; vertus 46; 79; clartés 81; circoncisions 63; possessions 9; gens 38; 41.
Cas. obl.: loy 44; raison 24; bonté 31; gent 57; u. s. f.
Plur. Nom.: les gens 46; 73; 82.
Cas. obl.: tribulations 9; raisons 4.

. Ausnahme: Nom. Sing: gent 74; 78; virgene 80; aber gens 38; 41. Umgekehrt zeigt rien ein s im Cas. obl.: riens 13; 25. während es sonst wie die Feminina der III. lat. Dekl. flektiert.

B. Masculina.

Die Masculina aus Substantiven der II., III., IV. lat. Deklination zeigen grosse Regelmässigkeit in Betreff des s der Flexion, welches im Nom. Sing. und im Cas. obl. des

Plurals gesetzt wird. Abgesehen von den Substant. u. Adjektiven II. lat. Dekl. auf er. welche für sich betrachtet werden mögen, beschränken sich Verstösse gegen die ursprüngliche altfranz. Deklination auf: Uns angeles Diu li envoia ki la verite li conta 13, wo der Nom. uns angeles für Cas. obl. eingetreten ist. — Li jugemens Diu si parfons Est que nus hom n'i prendroit fons 12, statt font. Ensi con ne rien n'en sensl Qu' aperchevoir ne s'en peust Auchun 60, statt auchuns. Preudomme ki ert venus querre une somme. Des buche au bos. Li escuiers 16; „Des buche" ist nicht korrekt. Man könnte buche mit dem s des Cas. obl. Plur. versehen, das Versmass widersetzt sich dem. Es bleibt übrig, das s in „des" zu unterdrücken = une somme de buche = buche = bois, eine „Last Holz". En cest siecle ont souffert li Saint Painnes pour Diu et tormens maint 16. Der Reim fordert: torment : maint. Il a coulour comme noif blanche 64. Der Cas. obl. statt des Nominativ nach den Vergleichungspartikeln que, comme wird in der Syntax bei den Casus besprochen werden.

In Betreff des Substantivs **fils** bemerkt Fallot p. 102, dass gegen Mitte des 13. Jh. das s auch im Cas. obl. Sing. u. Nom. Plur. sich eingebürgert hat. Der R. d. M. zeigt das Wort noch der Deklination unterworfen: Nom. Sing.: li fils 9; ses fils 30. Nom. Plur. fehlt. Cas obl.: vo fil 60; son fil 56. Plur.: ses fils 29. Das lat. mundus giebt: Nom. li mondes 25; 60; 64. Cas. obl. monde 60; mont 29.

Die Substantiva und Pronomen auf er der II. lat. Deklination hatten ursprünglich kein s im Nom. Sing. Das s findet sich hier jedoch schon sporadisch seit dem Anfange des 12. Jh. und wird im Oxford. Psalter belegt. (Arch. Bd. 65 p. 91). Die Sprache des R. d. M. schwankt Nom. Sing.: pere 2; autre vertus 46; nostre Sires 38; aber Nom. Sing.: uns autres 75; peres 2; maistres 19; vostres maris 22; ses peres 30; l'autres 31; nos peres 61; — pere : mere 2,
jedoch durch Reim gesichert: peres : empereres 30; peres : ameres (Acc. Plur.) 61. Die Nominative mit s sind

— 29 —

demnach in der Ueberzahl und haben auch einen durch Reim gesicherten Fall aufzuweisen.

Die Substantiva mit beweglichem Accent. Die Belege im R. d. M. sind:

Sing. Nom.   Plur. Nom.
1) „ empereres 30;
2) „ fel 15; 44; 25; 29; 62.   li felon 16.
3) „ (bers)   baron 52; 26; 65.
   Cas. obl. baron 5; 53.   barons 25; 38; 36; 53.
4) „ (pechiére)
   Cas obl. pecheor 68.
5) N. S. (jogléře)   li jougleour 33.
6) N. S. enfes 29.   li enfant 56.
   Cas. obl. enfant 17.   enfans 75.

7) Nom. Sing.   { Sires 7; 12; 13; 17; 53; 67; 75; 38.
                    { Sire 26; 28; 25; 62; 41.

    Cas. obl.   { signour 1; 6; 7; 39.
                   { Sire 20; 38; 42; 25.

Plur. Nom.: si signor 40; 61.
Cas. obl.: fehlt.
Vokat. Sing.: Sire 13; 55.

Die Reime zeigen hier den Nom. Sing. stets ohne s: Sire : dire 28; 26; 41; Sire: avoutire 25; Sire : lire 62. Ausserdem verrät der Dichter die Neigung, neben dem Cas. obl. Signor, die Form des Cas. rectus als Cas. obl. zu gebrauchen: Sire : dire 38; sire : mesdire 25; sire : martyre 42; in denen sire den Cas. obl. darstellt.

Der umgekehrte Fall: Signor statt des Cas. rect. ist nicht belegt. Der Vokativ ist dem Nom. gleich: Sire : dire 55.

Zu den Substantiven mit beweglichem Accent ist zu rechnen das lat. homo.

Nom. Sing.:   { hom 4; 7; 31; 43; 44; 6; 12; 10;
                { hons 4; 23; 63 etc.
Cas. obl. homme 8; 9; 6; 9; 39; 19; 10; 19.
Plur. Nom. homme 75.
Cas. obl. hommes 25; 51.

Die Reime kennen nur den Nom. Sing.: hons; niemals hom, welches die ältere regelmässige Form ist: hons : raisons 4; 23; hons : barons 63; hons : wasons 59; hons : circoncisions 58.

Deklination der Eigennamen.

Sie folgen der Deklination der Masculina.

Nom. Sing. Mahommes 1; 8; 9; 10; 11; 24; 36.
              Mahons 17; 25; 31; 18; 19; 36.
Cas. obl.: Mahommet 1; 12; 17; 2; 6; 18.
              Mahom 26; 31; 37; 15; 17; 22; Mahon : baron 53;
Vokat.: Mahom 9; Mahon 20.
2. Nom.: Moyses 38. Cas. obl. Moisy 57; Moysi 58; 61.
             Moysi : Sinaï 61.

In betreff der verschiedenen Schreibungen dieses Namens im Cas. obl. S. Tobl. An. p. 30, Anm. 314.

3. Gabriaus 43; Cas. obl.: Gabriel 43.
4. Deus: Nom.: Dex 14; 15; 19; 38; 39; 44; 57; Diex 11; 53; Diu 13.
Cas. obl.: Diu 2; 7; 8; 10; 12; 13; 26; Dieu 30.
Vokat. Dex 54; Diex 69.
5. Perse; Persie; Perse : disperse 66; Persie : ravie 71.

Die Deklination des substantivisch gebrauchten Infinitivs zeigt dasselbe Charakteristicum:

Nom. Sing.: ses mangiers 8; C. obl: dou querre 77; le plourer 72; à l'assambler 68.

Die Deklination des **Adjektivs** fällt mit der des Substantivs zusammen, die Adjektive stimmen in prädikativer und attributiver Stellung mit ihrem Substantiv überein.

Die ungeschlechtige Form der Adjektive auf is im Lat. ist bis auf wenige Ausnahmen bewahrt, sie bleibt es bis in's 15. Jh., und noch heute zeigt die Sprache Reste dieses Gebrauchs.

Andrerseits zeigen bereits die ältesten anglo-norm-Gedichte ein e im Femininum, während die Gedichte Wace's frei davon sind, woraus Suchier, Rp. XXXI schliesst, dass die normannische Mundart sich auf englischem Boden viel schneller entwickelt hat, als auf dem Festlande. So ist im R. d. M. grant verändert: Molt i fu grande l'assamblée 52. (So auch im Alexiusliede u. der Voyage de Charl.)

tel: tele douchour 61. **quel**: quele aventure 80, worin allerdings das e auch dem Kopisten zugeschrieben werden kann.

Die Adjektive auf ois und ent nehmen früh ein e im Fem. (Mall, Cump 116. Zingerle. Houd 32. G. Paris. Alex. 115. M. Brut XLV geben Belege.) die auf ois fehlen im R. d. M.; von denen auf ent findet sich nur: dolentes 76.

Es ist weiter oben bemerkt worden, dass das Adjektiv (resp. Part. passé) mit seinem Substantiv übereinstimme. Die wenigen Abweichungen sind: 31. Affranchi est ismielement statt affranchis; 40. Contre lui maint fols tesmoignage, statt fol; 64. Puis vait cascuns a son repaire molt lié, statt molt liés: 20. tost est alé, statt alés wie (75 S'en est alés) 77. Car as Persans sest apaié, statt apaiés; 67. Li voloirs Diu est contraire : faire. Man erwartet contraires, der Reim auf faire scheint die Unterdrückung des s bedingt zu haben. 26. Avarisce . . . . est commenchemens, de tous pechiés : entechiés, statt entechié.

Neutrale Form haben Adjektive und Partizipien als Prädikate neutraler Pronomen oder ganzer Sätze (Mall, Cump. 104, Zingerle 33); dazu bietet der R. d. M. kein Beispiel, nur voir und droit erscheinen in diesem Falle in unserem Texte und entziehen sich, wie auch sonst, (vgl. Mall. Cump. 104) obiger Regel: voirs est che 47: pour chon est drois 67.

Einige Substantiva haben abweichendes Geschlecht: affaire ist wie im Cheval. as II esp. u. im Anc. maskulin: son affaire 17: tout son affaire 45, merite ist Femininum, Burguy sagt, dass es als Fem. häufiger sei, denn als Masculin (Gloss, unter mérir). sa merite 82: de haute merite 44; le merite 15, ist dem nicht entgegen, da das Pikardische le für la gebraucht. Aus diesem Grunde ist kein Urteil zu fällen über das Geschlecht von tous u. serreure : le tous 20; à le serreure 35. soif ist wie sonst masculin: son **soif 16**.

Ausfall des Endkonsonanten vor s.

Es fällt die **Dentalis**: Persans 19; fons 12: jugemens 12: petis 20: haus 20: tous 4: fus (fustem) 55. 2) La b i a l e: sers 1: dras 11; pensis 11. 3) Gutturale: clers 1: bours 5: frans 8: sans 10. 4) Liquida nach en u. u: sens 7: 27: nus 34. Nach den übrigen Vokalen wird l zu u: maus 46; tens 79; desloiaus 9: etc. veus 46, oder bleibt in der Schrift: vels 22: miels 16: 22: tels 54; fils 9. l fällt vor s in ques 4; tes 39: 40 und einmal in mas statt mals = maus 15.

In betreff der Endung il + s, von der bereits oben gesprochen, ist noch eine Bemerkung nötig. Nach i fiel l od. ī im Norman. u. Französ.. ehe es zu u. geworden. Darin stimmen die beiden Dialekte mit dem Osten überein. Im Pikardischen wurde l in il + s nicht abgeworfen, sondern zu u (Suchier. Auc. 59).

Im R. d. M. ist diese pikardische Eigenheit nur in soutius vorhanden, im übrigen fällt l vor s: gentis 30: vis 8; eis 55.

Wörter auf m verwandeln dieses vor s in n: **Adans** 2; hons 23 etc. Mahons 17: 31 etc.

2. Pronomen.

Das Personale der I. Person Nom. Sing. lautet neben je 22; 23: 28; 24 auch jou 23; 24; 44: ge 37: che 18. Die III. Pers. Nom. Sing. Masc. lautet il 36: 31 etc. Ausserdem mit Unterdrückung des l = i in avant k'i morust 29. (Derselbe Vorgang bei Chev. XLVII: Suchier. Auc. und Nic.).

Die betonten Formen der I. u. II. Pers. Sing. und des Reflexivs zeigen oi: toi : foi 9: soi : soi (sitim) 16: toi: soi 7. Diese Bildungen auf oi, welche nach Burguy I. 123 ff. in den die Ile-de-France berührenden Teilen der Pikardie entstanden und die der letzteren eigentümlichen Formen auf i = mi, ti, si verdrängten, finden sich ausnahmslos in nnserem Texte angewendet.

Die Cas. obl. der III. Pers. Sing. sind:
Mask. Dat.: li 6; 10; 12; 14; lui 9; 23; 43.
  Akk.: le 8; 10; 11; 12.
Femin. Dat.: li 17; 25; 37; 48; 53; 46.
  Akk.: le 37; 44; 60; 63; 65; 54; la 36.
Wie diese Belege zeigen, findet sich der Akk. Sing. Femin. nur einmal als la, überall sonst ist dafür das pikardische le eingetreten.
Plural Dat.: lor 6; 5; 8; 59; 69. Akk. les 8; 12; 26.
Ueber den Gebrauch dieser Pronomen vgl. Syntax.
  Die betonten Formen III. Person:
Sing. Mask.: lui 7; 8; 11; 17; 21; 23.
  Fem.: fehlt.
Plur. Mask.: ians 65; aus 66; 52; etc.
  Fem.: eles 53.
Reflexiv.: soi 7; 19; 60; 36.

Possessivum.

Sing. Nom. Mask.: mes 41; 48; ses 2; 5; 8; 12; 17; 51.
  Cas. obl.: mon 45; ton 18; son 1; 5; 6; 10; 17.
  Femin.: ma 39; 36; sa 2.
  Cas. obl.: ma, ta 44; sa 81; 67.
Plur. Mask. Nom.: mi 75; si 41; 27.
  Cas. obl.: mes 20; tes 17; ses 29; 36: 41.
  Fem.: tes 9.
  Cas. obl.: mes 20; ses 36.

Die sonst dem Pikardischen eigentümlichen abgeschwächten Formen men, ten, sen statt mon, ton, son und me, te, se statt ma, ta, sa, wie sie Auc. und Nic. und der Kopist des Chev. as II. esp. aufweisen, sind unserem Texte fremd.

Pikardisch sind dagegen die Nominative des Plurals: mi, ti, si.

b) Nostre, vostre:

Sing. Nom. Mask.: nostre 7; nos 26; — vostres 22; vos 67;
  Cas. obl.: nostre 7; 16; no 27; — vostre 27; 28; 23; vo 28; 37; 60; 71.

Fem. Nom.: vostre 27; vo 27.
Cas. obl.: vostre 27; vo 27; 22; 20; nostre 67; no 27.
Plur. Nom. Mask. u. Fem.: fehlt.
Cas. obl. Mask.: nos 68; 69; — vos 22; 25; 53.
Cas. obl. Fem.: fehlt.

Die verkürzten Formen nos, no sind pikardisch, sie flektieren nach Analogie der Substantive II. lat. Deklination. Ueber die betonten Formen: siens 29; bien : sien 12; soie 74, s. Syntax.

Demonstrativum.

a) Artikel.

Sing. Mask. Nom.: li 2; 8; 9; 12. u. s. w.
Cas. obl.: le 44; 15; 80; li 46.
del 12; 14; 51.
don 14; 15; 17; 33; etc.
au 8; 15; 17; 64; ou 6; 53; 77.
Fem. Nom.: la 17; 46; li 76.
Cas. obl.: la 12; le 35.
Plur. Mask. Nom.: li 12. — Fem.: les 8.
Cas. obl.: les 11. Cas. obl.: les 70; etc.
as 7; 8; 11; 36.

Anstatt des Nom. Sing. im Fem. la bietet unser Text einmal li : li ire 76. Nach Burguy I. 46, und Fallot p. 51 ist dieses li, für Nom. la, in den Texten aus der 2. Hälfte des 13. Jh. in Pikardie, Lothringen, Burgund sehr häufig. Vgl. Serm. de St. Bern., auch Auc. u. Nic. 5, 18.

Dem Schreiber dürfte li statt le zu zuschreiben sein in:
Quant tout li crestiien linage,
Aurai fait a durte mort traire 46.

Neben au findet sich ou, welches nach Burg. I, 51 vom Ende des 12. bis in die 2. Hälfte des 14. Jh. vorkommt.

Wie das Personalpronomen la im Pikardischen zu le wird, so auch der best. Art. la zu le; à le serreure 35.

Zusammengezogene Formen:
en le = el 43; 58; 60; 78; 84; en les = es 31; 41; 42; 72.

b) cil.

Sing. Mas. Nom.: chil 1; 55; 81; 82; cil 7; 13.
　　　　Cas. obl.: cel 6.
　　Fem. Nom.: fehlt.
　　　　Cas. obl.: cele 6; 37; 80; 82.
Plur. Mask. Nom.: cil 41; 42; 39; 62.
　　　　Cas. obl.: chiaus 63.
　　Fem. Nom.: ⎰ fehlt.
　　　　Cas. obl.: ⎱

c) cist.

Sing. Mask. Nom.: cis 55.
　　　　Cas. obl.: cest 2; 12; 14; 16; 30; 82.
　　Fem. Nom.: ceste 18.
　　　　Cas. obl.: ceste 59; 60.
Plur. Mask. Nom.: cist 69.
　　　　Cas. obl.: ces 65.
　　Fem.: fehlt.
　　　　Cas. obl.: ces 38.

Ausserdem erscheint chelui dreimal: Cas. obl.: chelui 27; 12; 38.

Das neutrale Pronomen wird dargestellt: che 13; 49; 53; 55; 20; 23. chou 9; 13; 16; 37; 52; 79. çou 37; und elidiert ç 71; c' 14; 75; 83.

Relativum.

Nom. Mask.: ki 1; 2; 12; 14. Fem.: ki 7; 21; 23; 24. Cas. obl.: que, ke, q. c'; 12; 14. — Fem. 21; 47; 59. cui 5; — nach Präposition: cui 49; 51; 60. dont 2; 10; 16; 37.
Plural: qui, ki 16; 39; 38; 26; 29. — Fem. 24. Cas. obl.: que 62; 63.

Interrogativum.

a) Nom. ki 13. b) Nom. ques 4. Cas. obl. quel 62; 24; 60. Fem. Nom.: fehlt. Cas. obl. quele 80.

Neutrum.

Nom. que. Cas. obl. nach Präpos. coi 59; etc.

3. Konjugation.

1. Person.

Das e der ersten Person Praes. der I. Konj., welches sich zerstreut vor der Mitte des 13. Jh. findet (Richars XXI), fehlt noch mit einer Ausnahme im R. d. M. Ebenso fehlt der ersten Pers. Sing. Praes. das s in den übrigen Konjugationen. R. d. M.: je lo 20; 23; 40; esmerveil : conseil 25; Sermon 21 (: Salemon); acort 21 (: acort = Subst.) — pris 23. Ausn. ose 53 durch Reim gesichert ose : chose 53.

sui (: anui) 18; 22; 48; sai 2; 22; 31; 46; 63; di 13; 25; croi 13; 30; trai 30; atrai 44; otroi (: foi) 77; revaing 43; voel 12; 18; 57; 58. Ausn.: suis 50; dis 48.

Das Pikardische liebt in der I. Pers. Sing. Praes. und Passé déf. statt der auslautenden Dentalen ein c, welches nur in fac von facio ursprünglich ist (Suchier, Auc. 67; Först., Chev. LVII). Auch unser Text kennt dasselbe: je menc 25.

Die III. Pers. Sing. Ind. der I. Konj. zeigt nirgends t erhalten. Auslautende Dentalis fällt vor t der Flexion: rent 6; se part 32; pent 11; respont 23; 38; prent : assent 31; art 81.

I. Pers. Plur. hat die Endung ons. Neben dieser zeigt die Pikardie eine andere: ommes, omes (Burg. I, 218). Im R. d. M. neben dem zahlreichen ons auch: ommes und ihre Variante onmes in: requerommes : hommes 59 und doionmes 66. ommes 56; daneben, ebenfalls im Reime: diron : environ 72.

II. Pers. Plur. Praes. u. Futur. endet auf es. Nur wenige Belege finden sich für das auf lat. etis beruhende eiz, später oiz, welches am längsten dem Futur verblieb (R. Stud. I, 602.) Im R. d. M. 4 Stellen: aurois 23; devrois 68; savois : avois 21.

Die II. Pers. Plur. Indik. zeigt einmal ies statt es nach doppeltem s, eine dem Einfluss des s zuzuschreibende Besonderheit des Pikardischen (Burg. II, 131): connissies 44.

Modus.

Das spätere unorganische e der III. Pers. Sing. Praes. des Konjunktivs I. Konj. ist unserm Texte noch fremd: ki en ost mesdire 25. ki tant aint 23; k'il lor aït, ke ralié soient 67.

Das e der übrigen Konjugationen ist etymologisch begründet und bietet nichts zu bemerken.

devoir zeigt noch die älteren Formen ohne v, während die mit v besonders in der Pikardie gegen Ende des 13. Jh. häufig werden (Burg. II, 4).

Die Endungen der I. u. II. Pers. Plur. im Praes. und Impf. Konj.; im Impf. Indik. u. im Konditionalis sind ions, ies, resp. iions, iies. Die Endung iens für die I. Pers. Plur. des Praes. u. Impf. Konj. ist nicht zu belegen, jedoch ist zu berücksichtigen, dass die hier in Betracht kommende 1. Pers. überhaupt nur einmal im R. d. M. zu finden ist. peuissions 23. — vaurions 70. doiies 70; peuissies 70; volies 27; voiies 70; poriies, porries 23; 27; deveries 37; u. s. f.

Die I. u. II. Person Plur. Impf. Konj. der I. Konj. schwächt häufig das a der Endungen assions, assies zu i. Dieser Gebrauch auch im R. d. M.: trouvissies 26; cuidissiez 19. (Vgl. Suchier. Anc. 69; Foerster. Chev. LVIII).

Nach Analogie dieser Formen sind nach Foerster, Chev. LVIII in der Pikardie die Imperf. Konj. der halbstarken Verben gebildet: peuisse 23; peuissions 23; peuist 3; 34; euissies 24.

Neben diesen Formen mit i. zeigt unser Text zahlreiche ohne i: eusse 28; 37; eusses 25; peust 4; 19; 30; 61; eust 28; 79; deust 10; 28; seust 4; 36; pleust 9; deusse : eusse 28; eussent : fussent 78.

Wie das Passé défini, so zeigt auch das Imperfekt Konj. ein eingeschobenes s, welches noch in der Sprache des 14. Jh. angetroffen wird. (Suchier. Auc. 67): desist : mesdesist 24; desist 40; fesist (: volsist) 52. Daneben ohne s: feist 6; deist 9; deisses 44.

Imperativ.

Derselbe ist im Singular ohne s: di 22; 37; fai 48; fui 8; pourvoi 11.

Die II. Pers. Plur. zeigt, wie sonst im Pikardischen, die Endung ies: oies 38; laissies 76; sachies 70; soiies 70.

Infinitiv.

Die Endung des Infinitivs, welche auf lat. ere beruht, zeigt ausnahmslos oi: Savoir, avoir, veoir u. s. f.

Partizip.

Das Partizip Perf. von chaoir zeigt zweifache Form: chaï 35, und cheu 14. cheus : veus 51.

Tempora.

Praesens. Die I. Person Sing. Praes. zeigt i: sai 2; 22; 39; ai 44; trai 30; atrai 44. Die III. Pers. Sing. Praes. von „vadere" giebt: vait 42; 43; 64; 74; neben va : (amena) 36; 60; — set 10; 12; 54; 74; se test 24; het 21.

Lateinisches c ist als s erhalten: plaist 59; se taist 60; nuist 75; gist 82; dist 28. s beruhend auf cs (= x) = ist 20.

Imperfekt. Dasselbe zeigt überall die Endung oie, oies, oit.

Perfektum. Das Perfekt der starken Verben ist wie folgt belegt:

I. fist 1; 2; 17; 9; 13; avint 12; vint 13; vit 37; firent 17; veistes 46; 47.
II. mist 38; rist 29; prist 2; 75; mest 1; prirent 11; remest 17; dist 25; promist; tramist 38; deistes 46; dirent 54; conquisent 16; deïstes 47.
III. seut : eut 29; 60; but 15; 19; ot 25; 33; 34; 47; 53;

60; vout (voluit) 15; 18; dut 17; fui 22; orent 26; 77; poi 37; rechut 38; rekent 75; jut 39; porent 40.

Zu bemerken ist das pikardische disent 40 (neben dirent 54) und conquisent 16.

Das Normannische und der Dialekt von Ile-de-France bevorzugen in der III. Pers. Plur. d. Perf. die Kombination str, also ein eingeschobenes t, während das Pikardische das r synkopiert und den Gebrauch des t meidet. (Vgl. Burg I, 376)

Die stammbetonten Personen der halbstarken Verben zeigen eu: seut (sapuit) : eut 29; rekeut 75; seurent : teurent 67. aber u: but 15; 29; dut 16; rechut 38; jut 39. Neben eut ist überwiegend ot 25; 32; 34; orent 26; 77. Die I. Pers. Sing. Perf. von pooir ist: poi 37.

Futur und Konditionel.

Das Futurum der I. Konj. bietet nur einmal ein Abweichen vom modernen Sprachgebrauch in: pardonra, wo das auf lat. a beruhende Infinitiv-e nach Vokal + Liq. gefallen ist. Sonst regelmässig: penerai 19; dampneras 9; amera 19; loera 28 etc. lairai 48 und delaira 10, kommen vom Verb laier und nicht von laisser (Koschw., Charl 91; Gloss. zu Aiol). Es ist schon früher erwähnt worden, dass die Verba auf lat. kurzes ere besonders im Pikardischen dieses kurze e entgegen den Lautgesetzen im Futur und Kondit. gern behalten. (Zingerle, Houdenc 39; Koschw. Charl., Foerst., Chev. etc.)

Dieses ist im R. d. M. die Regel ohne Ausnahme: rendera 74; perderoie 24; abateras 9; naisteront 75; croisteront 75.

Zu erwähnen bleiben die Futurformen: soufferra 82; torront 66 von tolre od. toldre; querrai 22; querroit 41; neben creront 41, die letzten drei von credere.

Das Futur von estre zeigt Doppelformen: sera 9; 27; 74; serons. seres etc. iert 9; ert 19; 20. esseras 43; esseries 48.

Neben volra 27; vauroit 10; volroie 24; findet sich mit
doppeltem r: vaurra 62.

III. Metrik.

Der im R. d. M. angewendete Vers ist der paarweise
gereimte Achtsilbner. Es ist hier eine Unregelmässigkeit
zu erwähnen: Mehrere Male reimen nicht zwei, sondern
drei Versausgänge, ohne dass diese Erscheinung einer
fehlerhaften Ueberlieferung zuzuschreiben sei, da der
Zusammenhang nicht gestört ist. Die Beispiele sind:
   fier : Lucifier : infier 74.
   partie : Persie : ravie 71.
   venu : menu : tenu 57.
   entendirent : espandirent : firent 42.

1. Silbenzählung und Hiatus.

Statt abéie vom lat. abbatia (Först. Gloss. Aiol) zeigt
unser Text: abbie: qui moignes estoit de s'abbie 2. Diese
Form findet sich häufig in pikardischen Texten (Foerster.
Aiol p. 442 zu 871).

diable beginnt im 14. Jh. 2- und 3-silbig gebraucht
zu werden (Tobl. Versb. 59) im R. d. M. ist es meist dreisilbig, so p. 10; 8; 8; 68, jedoch einmal 2-silbig: Tu ies
au dyable toz avites 9. Der zweisilbige Gebrauch würde
darnach bereits im 13. Jh. begonnen haben.

Wir haben bereits den pikardischen Sprachgebrauch
erwähnt, das e der Endung ere der Verba III. lat. Konj.
im Futur und Konditionel zu bewahren und als Silbe zu
zählen; andrerseits dient e zur Bezeichnung der Aussprache
des voraufgehenden Konsonanten in angeles 13; 14; 38;
39; archangeles 48, ebenso wie in jouene 18; 19; und
zählt nicht als Silbe.

Vraiement 37; 48; 49 ist regelmässig dreisilbig
ebenso mienuit 45. maistre ist je nach Bedürfniss ein-
oder zweisilbig: ma-istre 20; 30; maistre : renaistre 48.
aïde kommt nur einmal und dann dreisilbig vor. virgene

ist zweisilbig, e hat dieselbe Funktion wie in angele:
virgene 80, auch geschrieben virge 38.

Chamberieres ist fünfsilbig, das e nach b zählt
als Silbe. poon 15; 33; Loon (Laudunum) 84 sind zweisilbig. (Loon = einsilb. vgl. Aiol 1391) nient ist nur
einsilbig gebraucht: 46. Das Suffix ien von ianus ist
regelrecht zweisilbig in Indiiens 11; Ethyopiiens 11, ebenso
in ancien, crestiien entgegen dem heutigen Gebrauch,
nach dem dieses Suffix einsilbig verwendet wird. De la
loy anciiennes pointes 32; Li anchiien 55; christiiens 1;
46; crestiains 47; crestiiennor 42.

Die 3. Pers. Sing. Praes. Ind. von veoir ist bald zwei-,
bald einsilbig: ve-oit 18; — voit 35.

ions, iez der I. u. II. Pers. des Impf. Indik. und des
Kondit. waren zweisilbig im Altfrz., konform ihrer Ableitung von ebamus, ebatis, jedoch einsilbig wenn sie auf
iamus, iatis beruhen und stets wenn sie statt der älteren
Endungen ons, ez stehen. (Tobler, Versb. 56.) So ist im
R. d. M. ions u. ies zweisilbig in den Konjunktiven:
penissions 23; penissies 20; voellies 47; cuidissiez 19;
eussies 24.

In betreff des Konditionalis (Impf. Indik. ist nicht zu
belegen) sind einige Ausnahmen zu erwähnen: Neben
regelmässigem, zweisilbigem ions, ies in porries 70; vaurions 70, ist ies = einsilbig dem heutigen Gebrauch entsprechend: porries 23; 27; tiesmoigneries 48; esseries 48.

Die stammbetonten Formen des Passé défini der halbstarken Verben zeigen bald einfachen Vokal, bald Diphthong:
seut = 2 silb. 29; 60. seurent : teurent 67 = einsilb.
rechut 38; reke-ut 75.

Einige Verse haben nicht die nötige Silbenzahl:
   Il se test, em bas resgarde
   De parler un petit se tarde 24.

Der erste Vers zeigt nur 7 betonte Silben, man könnte
et oder si vor em einschieben. 49 Lues qu'ele li a conté =
ein Siebensilbner, aconté statt conté, oder Nichtelision des
e in que vor ele würde den Vers achtsilbig machen.

Que le trouvast jamais hons 59. Fügt man ne hinzu wie sonst bei jamais, = que ne le trouvast jamais hons. Inklination von ne le findet meist nicht statt im R. d. M. s. Deklination, so wird der Vers korrekt. Et toute la gens se raingne 58. und: En plus de IX manieres 84, sind korrekte Siebensilbner.

2. Elision.

Für den R. d. M. gelten im allgemeinen die von Mall für den Cumpoz aufgestellten Regeln.

Elidiert werden de, le, la — me, te, se — ne = lat. non; fakultativ ist die Elision bei se (= si); que, Konjunktion u. Pronomen; ne = nec, welches, wenn nicht elidiert, meist als ni erscheint. se (= si): s'il 31; s'a 20; s'on 20 u. s. w., aber 3 mal: se encontre 27; se ensi 48; se il 70. ne (= nec): ne enfant 17; ni en dis 51; ni espousemens 62; ne par forche ni autrement 63; ni en parole ni en fait 75; n'à moi n'à mes amis 17; n'à moi 24.

li = Nomin. Sing. nur einmal elidiert: l'uns et l'autres 31, sonst im Hiatus: li escuiers 12; 14; li angeles 14; 37 und oft.
li = Nom. Plur. elidiert nie.
li = Dativ elidiert nur vor en, sonst nicht. Si l'en rent ichi le merite 15.

Das neutrale Demonstrativ chou, che, çou wird elidiert: ç'est 14; 75; 83; ç'estoit 53; ç'ait esté 28.

Jou, Je ist unentschieden: j'ai 51; j'aie 46; 51; g'eusse 37; jou ai 18; jou irai 45.

se, si (= sic) schwankt ebenfalls: s'a 57; s'est 30; s'a 21; si en deves 44.

Bei mehrsilbigen Wörtern auf stummes e tritt fast immer Elision ein. Nach Mall. Cump. 31 zählt unbetontes e in mehrsilbigen Wörtern als Silbe, wenn ihm doppelte Konsonanz, meist Muta c. Liquida voraufgeht. Unser Text liefert nur einen Beleg: Qui la lampe en enlumine 81. Der Vers: Prope u escaboncle fine 81, wird ohne Zuhülfenahme dieser Regel korrekt, wenn Prope durch das regelrechte Pyrope ersetzt wird.

Hiatus findet sich endlich noch: si l'a-on 22 und avule-il 64.

3. Inklination.

Dieselbe zeigt sich nur: je l'ferai 22 u. que ne l'savies 30, sonst nirgends: ne le fait 19; je le di 22; 25; ne le porent 40; 41; ne le veux 48; ne le ferai 56; ne le me dites 55.

4. Reim.

Pag. 7 reimt pieche : chiere, welches Michel umwandelt in proière : chiere. A s'ame paroles devines Et sa char donne herbe on rachine p. 8, statt rachines.

11. Et dras ou il a maintes roies Voirs et gris, siglatons de soie 11.

Statt maintes roies würde der Sing. mainte roie den Reim korrekt machen.

Reime wie dist : respondi 13; dit : Jhesucrist 41; dejete : teste 35; femme : blasme 58; crisoliste : eslites 73, sind bei s besprochen worden.

Die Nichtbeachtung des r vor folgendem Konsonanten ist ein dem Burgundischen eigener Zug, der in dem heutigen Patois dieser Provinz fortlebt (Foerster, Richars XI), auch die Ile-de-france spricht dieses r häufig nicht, besonders nach st (Arch. Bd. 65 p. 86). Im R. d. M. zwei Belegstellen: dames : armes 74; Ewangeliste : maistre 30. Unkorrekt sind ferner: simples : desciples 46, wegen **m**. haustes : lanches 66, wegen **st: ch**, endlich encore : vole 68, wegen **r: l**. mas : bas 15, wo auf l beruhendes u unterdrückt ist.

IV. Syntax.

1. Die Casus.

Der Nominativ hat sich noch in seinem vollen Umfange erhalten, nirgend tritt für ihn der Akkusativ als

Subjekt ein. Letzteres fand zuerst da statt, wo durch ein Pronomen personale der 3. Person auf das folgende Subjekt hingedeutet ist. Stellen mit ausgelassenem il zeigen im R. d. M. stets den Nominativ des folgenden Subjekts: n'i remaint nus ki n'i aqueure 62; molt me samble grans anois 63: n'i remaint hom ki vaille nus 32: là vint uns hermites senés 13; ne valt riens hom desesperés 69. Statt des Nom. erscheint häufig die Form des Akkus. als Subjekt des verkürzten Modalsatzes nach den Vergleichungspartikeln comme, que. Für das Personalpronomen wird dieses von Diez. Gr. III. p. 798 nachgewiesen. beim Hauptworte findet sich derselbe Gebrauch (Zingerle, Raoul v. H. 29.) So im R. d. M.: il a coulour comme noif blanche 64. Doch der Nominativ: est plus renommés que nus hom 54; a l'escuier trencha le pié li sires comme forsenés 13.

Umgekehrt steht oft dem Sinne nach der Nom. als Prädikat (Tobler, Aniel 26), statt des Akkus., bei uns nur einmal in „avoir nom": Adaus avoit non li chanoignes 2; aber: Audimenef ot non ses peres 2.

Casus obliquus.

Genitiv: Bis ins 16. Jh. hinein verwendet das Altfz. mit Vorliebe den cas. obl. als possessiven Genitiv (Haase 3. So auch der R. d. M.: La vie 1, les gens 65, la terre 65, la femme 53, la gent 74, la loi 74, le cors 78, la tombe 81, la gens Mahom 81; li fils 9, la loi 10, le plaisir 26, le commant 30, la parole 30, les commans 43, li secres 51, le voloir 57, la volenté 57, la vertu Diu 76 etc.; la terre le roi de Franche 1; le non sa mere 2; ou pré son signour et sa dame 8; l'amour nostre sire 42; la loys Moïsy 57; à la tombe Sainte Souphye 80; les piés ma dame 48.

Dagegen ist der moderne Gebrauch belegt: toute la loi de Jhesucrist 2; le commant de Diu 54; le pardon de Diu 75; la sepounture de Mohommet 80; li Romans de Mahom 84; sers de son chief 5; la vertu don chief 50.

Zweimal findet sich der Genitiv mit de bei einem nichtpersönlichen Substantivum: les gens de la terre 8; de sa terre li baron 72.

Ein objektiver Genitiv ist im R. d. M. nicht nachzuweisen. Dass für diesen Fall auch der Cas. obl. ausreichte, zeigen die Beispiele aus Villehardouin u. Joinville (Haase 5.)

Neben dem unbezeichneten Genitiv drückt das Altfz. das possessive Verhältniss auch durch à aus, ein Gebrauch der noch heute nicht gänzlich erloschen ist. (Darmest. §. 140) Hierzu giebt unser Text kein Beispiel.

Bemerkt sei noch der Wechsel von de und à in der Stelle:

li fils la mort desirre au père
u de sa mère . . 42.

Dativ. Zur Bildung des Dativs verwendet der R. d. M. fast immer die Präposition à. Die Stellen, in denen der unbezeichnete Dativ, der im 16. Jh. bis auf Wendungen wie si Dieu plaist (Mont. II. 8 cit. von Darmest. §. 139) verschwunden war, auftritt, sind selten.

Mit einem Akkusativ zusammen findet sich der mit à gebildete Dativ: à son signour conta la guile 1; à l'escuier trancha le pié 73; celer a Mahommet ne le vout mie 18; le moustra a Seu 29; donna la loy à Moïsy 61; on fit au cors sa droiture 17; à toute chose rent raison 6; tels choses ensaigna as Griex 40. Ferner p. 1: 5; 15; 13; 26; 27; 39; 68 und oft.

Wechsel von bezeichnetem und unbez. Dativ: à s'ame paroles devines Et sa char donne herbe . . . 8. Unbezeichneter Dativ sonst nur an einer Stelle: Et li pourvoit tout son affaire aussi com son signor sint faire 17.

Bei intransitiven Verben: Von intrans. Verben erscheint in unserem Texte mit einem Substantiv verbunden nur prier. Plaire, aidier kommen nur mit einem Pronomen im Dativ vor. Fast regelmässig ist im R. d. M. bei prier das Substantiv im Dat. unbezeichnet: il proioit nostre Signour 7; Diu proioit 7; ont Mahommet priié 67; quant

Diu ont proié 59; 60: nostre Signour pria 62: il proie Diu 13: Diu prier 76.

Noch im 17. Jh. findet sich die Konstruktion mit à neben der modernen prier qn. (Haase 7). Zu beiden im R. d. M. ein Beleg: Or proions à Diu 61: — le saint homme proioit 9.

Das Pronomen erscheint stets im Dativ: il lor proie 26: li proie 28: li proia 36.

Akkusativ: avoir nahm zuweilen den Akkus. des Prädikats zu sich, während sonst im Altfz. die Präposition à dem Akkus. hinzugefügt wird, wo das Neufrz. pour gebraucht. Vereinzelt kommt diese Konstruktion mit à noch im 17. Jh. vor (Haase 8, Nfz. Ztsch. IV. 109), besonders in avoir à nom neben avoir nom. Ausser dieser letzten Wendung nimmt der R. d. M. den Akkusativ mit à: Adans avoit non li chanoignes 2: li clers avoit non Diudonnés 2. Dagegen: avoir à femme 19: 26; qu'à tesmoing a eu l'Ermite 50: je te premoie à signour 24; sa dame à femme prent 31; jou l'en atrai à tesmoing 44 und mit pour statt à: tenir pour avoutire 75.

Akkus. der Zeit: Das Gebiet desselben wird stark eingeschränkt durch den Gebrauch der Präpos. à der sich in das 17. Jh. erstreckt (Nfz. Ztsch. IV, 119 f.)

Neben den Akkusativen: Si doist estre le jour la bataille 73; Tous tans ai mis ma chose à terre 22; u il proioit nostre Signour, cascun jour 7; 21, findet sich à: au tierch jour 17; 40: à nul jour 20; K'il soient au jour et au lieu 57; à un jour ont pris la bataille.

Akkusative des Ortes, des Masses und Akkusativ entsprechend einem lateinischen Ablativ, kommen im R. d. M. nicht vor, dagegen findet sich der Akkusat. der Art und Weise zur Bezeichnung der Gangart (Ztschr. I, 179) an 2 Stellen: Par la foriest, le trot menu, s'en sont arriere revenu 12. Car molt bien garni d'armeures S'en vinrent, molt grans aleures, Pour les gens Mahom assaillir . . 65.

II. Pronomina.

A. Personale.

Die Nominativform des Personale gebraucht das Altfz. da, wo das Pronomen ohne Verb oder getrennt davon steht, und wo die moderne Sprache die ursprünglich schwere Akkusativform setzt. Im 13. und 14. Jh. war diese Verwendung des Nominativs noch allgemein, wenn auch die im 15. Jh. (Gess. I. 4) zur Herrschaft gelangte neuere Sprechweise bereits die alte zu durchbrechen beginnt. Die 2 im R. d. M. auftretenden Fälle zeigen noch die Nominativform: Tu desloians et plains de rage. Abateras saint mariaige . . 9; On s'il meismes ne le fait . . 19.

Casus obliquus. Das Altfrz. liebte den Cas. obl. des betonten Pronomens als Akkusativ und Dativ in unmittelbarer Abhängigkeit vom Verbum finitum. Vom 13. Jh. an bediente man sich jedoch der leichteren Form vor dem Verb, der schwereren hinter dem Verb. finitum (Haase 12; Gess. I, 6.) Beim Infinitiv, Partizip resp. Gerundium war die betonte Form Gesetz (Gess. 1, 6.; Ebering Ztschr. V. 325; Tobler, Götting. g. Anz. 1875 p. 1065 ff.), welches aber im 15. Jh. nur noch in Bezug auf Reflexive resp. reflexiv gebrauchte Pronomina ziemlich streng beobachtet wird (Stimming, Ztschr. I, 492), während die anderen Pronomen die verbundene Form zeigen. In Bezug auf das Pronomen beim Verb. finit. folgt die Sprache des R. d. M. durchaus dem heutigen Gebrauche.

Beim Infinitiv ist das alte Sprachgesetz unverletzt: pour lui reprendre 40; Sans moi dechoivre . . 37; soi durement travillier 6; et vient (= bien) soi garder . . 31.

Als tonloses Pronomen III. Pers. Sing. zeigt der R. d. M. li, welches gegen Ende des 13. Jh. mit Vorliebe statt des ursprünglich betonten lui eintrat (Haase 12). Froissard gebraucht neben li bereits die tonlose Dativform lui. (Ztsch. V. 329). Li als Dat. masc. il li a donné 6; li deist 9; li annoie 10; li aidoit. 10; 11 : 11; li ot chargié 12;

li sambloit 13: li envoia 13; li conta 14: li dist 14; li donne 15: u. 16: 23: 26: 33: 52: 50: 47: 47: 44: u. s. f.

Als Femininum: li pourvoit 17: li monteploit 17: li loera 25: li voellent enorter 26: li proie 28: li ot conté 53; li dist 37; li proia 36.

Nur einmal findet sich lui als unbezeichneter Dativ beim Verb. finit: K'il li deïst sil lui pleust . . 9.

Als betontes Pronomen 3. Pers. Sing. steht mit einer Ausnahme überall lui für das Mascul., während das Femin. nicht belegt werden kann: à lui vont 8; à lui acourt 11; avoec lui 17; à lui 18; 26: en lui 20: 21: sans lui 24: contre lui 40; fors lui 76 (fors il 51); après lui 61: sour lui 64; devant lui 65 etc. Ausnahme: contre li 40. Unser Text stimmt hierin also mit Villehardouin überein (Haase 12).

Das unbetonte Pronomen 3. Pers. Plur. ist überall lor 6; 58; 59; 69; 28; u. s. w. Das betonte nach Präpositionen: iaus 65; ans 66; 57; 70; 23. Das Femininum eles 53.

Es ist oben davon gesprochen worden, dass der R. d. M. beim Verb finit, die proklitisch tonlosen Formen des Neufz. verwendet, hinzuzufügen bleibt, dass der Akkusativ der ersten Pers. Sing. in der ursprünglich schweren Form und übereinstimmend mit dem heutigen Gebrauch auch beim nicht vereinten Imperativ steht: faite-moi fenir 25. und einem Substantiv beigeordnet: il gouvrenera sagement moi et mes choses et ma gent 20.

Der Casus obliquus mit der Präpos. à im Dativverhältnis, wo kein Nachdruck auf dem Pronomen liegt, statt des Dativs der unbetonten, war noch lange üblich und kommt noch im 16. Jh. vor (Gess. I. 11). Unser Text ist frei von dieser Eigenheit. Was das Verb parler betrifft, bei welchem jene Konstruktion stets stattfand und von Haase p. 14 noch im 17. Jh. nachgewiesen wird, so giebt der R. d. M. keinen Aufschluss.

Das Reflexivpronomen ist soi, oder das betonte Pronomen der 3. Person. Soi, welches im Altfrz. auf bestimmte Individuen bezogen werden konnte, wie das betonte

Pron. der III. Pers. auf unbestimmte (Ztsch. V, 328), musste gegen Mitte des 17. Jh. in Beziehung auf bestimmte Person dem Pronomen der dritten Person weichen (Chassang. 277 ff). Im R. d. M. findet es sich mit Vorliebe: Mahons à sa dame revient . . . pour soi parole sagement 19; qui au siècle pensa de soi 16; la dame od soi pas n'amena 36; avoec soi les a amenés 60.

Auf unbestimmte Personen gehend: Et cil n'est pas de bonne foi qui ne prie fors que pour soi 7; Or me querés donques personne qui . . . n en soi mains nobleche eust 28; soi durement travillier 6; et bien soi garder 31.

Daneben die 3. Person des betonten Pronomens: dont puis maint a avoec lui trait de ses amis et en sa gloire avoec lui a mis 17.

Mahommes se part . . . et plus croit à l'omme saintisme Que il ne fait à lui meïsme 10; Li baron entr'iaus se conseillent 65; 7; Estoit uns hom de sainte vie . . . Lui meïsmes n'oublioit mie; Car mal proie qui lui oublie.

In Bezug auf Sachen kam im Altfz. ebenfalls das betonte Pronomen 3. Person vor, (vgl. Haase 15. u. von ihm cit.: Scheler. Poës. I. 20). Unser Text giebt darüber keine Auskunft.

Das unbetonte neutrale il.

Dasselbe konnte im Altfz. fehlen, die Auslassung lässt sich bis ins 17. Jh. verfolgen, und noch in der heutigen Volkssprache findet dieselbe bei unpersönlichen Verben statt. (Haase 16; Chassang p. 263.) Unter 23 Fällen eines unpersönlichen Ausdrucks sind im R. d. M. nur 6 mit gesetztem il. Einige Beispiele der Auslassung: apries petit de tans avint 52; molt me samble grans anois 67; Pour chou est drois que . . . 67; à maint homme avient mainte fois 22 u. s. f.

Neutrales le, welches oft ohne deutliche Beziehung gebraucht wurde, besonders bei faire (Gess. I. 15), kommt nur bei letzterem Verbum einmal vor: se ainsi le faisons, c'auchune chose lor offrons . . . 66.

Unbetonte Fürwörter.

Als Subjekt konnten dieselben fehlen, bis ins 16. Jh. hinein war die Auslassung sehr gewöhnlich, dann wurde sie seltener, ist jedoch noch bei Lafontaine zuweilen anzutreffen (Gess. I. 13).

Im R. d. M. ist die Auslassung des Subjektpronomens vorherrschend. Von Pag. 54 — 84 ist das Pronomen 160 mal ausgelassen, 51 mal gesetzt.

Auch im Fragesatze war die Auslassung gestattet. Beginnt derselbe mit einem Fragewort, so wird das pronominale Subjekt ohne Unterschied gesetzt oder ausgelassen. Ist kein Fragewort vorhanden, so haben im Gegensatz zu Morf R. St. III, 204, welcher die Auslassung in diesem Falle bezweifelt, Tobler Ztschr. III, 144, Gröber ib, IV. 463, sowie Ebering aus Froissart (Ztschr. V, 330), dieselbe nachgewiesen. Der R. d. M. giebt ein Beispiel der Auslassung bei stehendem Fragewort: U ala madame savés? 36; mit gesetztem Fragewort: Dou mangier k'iroie contant 33. Sonst steht das Subjektspronomen: n'oes vous gonte? 43; que vous iroie-jou disant 43 u. s. f.

Zur Bezeichnung einer unbestimmten Person bedient sich die ältere Sprache zuweilen der 3. Pers. Plur. des Verbs. Noch im 16. Jh. bieten Montaigne und Du Fail Belege dieses Gebrauches (Darmest. §. 189). Vereinzelt lässt sich derselbe im R. d. M. nachweisen, doch ist er daselbst sehr beschränkt: Ja ne s'en porroient tenir, ains diroient pour escarnir 24; Ja de vous fors bien ne diront 25.

Als Objekt im Akkus. fehlt tonloses Pronomen oft, wenn ein Dativpronomen der 3. Pers. (li, leur) hinzutritt. (Tobler, Gött. gel. Anz. 1877, p. 1619; Ztschr. IV, 136; Chassang. p. 263; Gess. I, 18). Erst Vaugelas u. Thom. Corneille regelten den Gebrauch (Haase 20.) Nur ein Beispiel der Auslassung im R. d. M., welcher diese Freiheit sonst nicht kennt: Mais Moyses en escripture rechut la loy de nostre Sire. As gens l'ala montrer et dire, car nostre Sires li tramist 38.

Belege für ein absolut vorangestelltes Substantiv und die Wiederaufnahme desselben durch das Pronomen, lassen sich aus dem R. d. M. nicht beibringen, ebensowenig findet sich neutrales le zur Hinweisung auf den folgenden Nebensatz. (Vgl. Gess. I. 15 f.; Chass. 273. Nf. Ztschr. IV. 136; Haase 22).

Die Adverbien en und y zeigen nur wenig Abweichung vom modernen Sprachgebrauch. Entgegen dem letzteren finden sie sich wie sonst im Altfz., um auf einen folgenden Satz hinzuweisen:

> Moult miex estre morte volroie
> Que la gens de moi mesdesist,
> ne que auchuns fel en desist
> C'avoec moi enissies couchié 24.
> avoec ses desciples manja
> Pour chou que la gens cranche 1 a
> que il est Dex en char humainne 41.

Pleonastisch scheint i verwendet zu sein:

> Vous n'aves homme ne serghant,
> Ne chevalier nul si poissant.
> Que ne sousmete par paour,
> U par forche ou par grant amour.
> Ja n'l trouverés si grant Sire
> Ne si bas, ki en ost mesdire 25.

B. *Possessivum.*

Die betonten Formen mit dem bestimmten Artikel haben noch im 16. Jh. den Wert von Adjektiven, auch die heutige Umgangssprache weist Spuren dieses Gebrauchs auf. (Darmest. §. 190; Chass. 235.) Nur zwei Belege im R. d. M.: la soie part 74; pour le vostre pourfit 22. Ferner erscheinen sie in Verbindung mit Zahlwörtern, unbestimmten Pronomen, und mit dem Demonstrativ. Besonders treten sie mit un auf, welches zur Bedeutung des unbest. Artikels herabsinkt (Gess. I, 22). Der letztere Gebrauch allein lässt sich bei uns belegen: uns siens fils 29.

Noch im 17. Jh. bedient sich die Sprache häufig des Possessivs statt des best. Artikels, auch war der umgekehrte Vorgang nicht selten. (Chass. 235; Ztschr. V, 375): Ses iex esliève 24; de sa bouche 35; ses crins desront 36; son vis à ses ongles depièche 36; grant joie a en son cuer mené 50; ses mains et ses iex lièvε au ciel 60; Dex lor mua lor langage 84; leur mains et leur vois eslevèrent 62.

Daneben Beispiele für den modernen Gebrauch: li oel li torblent en la teste 35; dont jou ai molt le cuer lié 18; si m'a pour chou colpé le pié 13; que me faites la langhe traire 36. Best. Artikel statt Possess. kommt im R. d. M. nicht vor.

C. Demonstrativum.

cist und cil.

Cil als Subjektskasus und cel als Objektskasus erhalten sich in dieser Unterscheidung noch bis ins 14. Jh., alsdann beginnt celui an Boden zu gewinnen. Cil findet sich allerdings noch im 16. Jh., wurde aber in seiner pluralischen Anwendung durch ceux ersetzt, und entgegen seiner ursprünglichen Bestimmung auch als singularer Akkusativ verwendet. — Der Akkusativ cel wird vom 15. Jh. an seltener als cil. (Gess. I, 26). Nur wenige Beispiele aus d. R. M.:

Nom.: cil hom 7; cil nons 82.
Akkus.: en cel tans 6; chelui castoie k'il a 12; und cil statt cel in: car cil rekeut ki 75.

Cil verdrängt im Plural durch ceux: chiaus qui ne le volront tenir . . . fachent lues livrer à torment 63.

Chelui als Nominativ ist der Sprache des R. d. M. nicht bekannt, wie denn diese jüngere Form überhaupt nur dreimal auftritt und dann nur im Akkusativ: Chelui castoie 12; chelui qui 27; par chelui meïsme 38.

In syntaktischer Hinsicht zeigen diese Beispiele, wie chelui nur substantiv. gebraucht wird, und nicht adjektivisch, wie dieses im 13. Jh. mit cestui, celui, cestei, celei allgemein aufkam. (Gess. I, 28.)

cist und cil besassen ursprünglich beide substantivische und adjektivische Geltung, jedoch zeigt das von ecce iste kommende Demonstrativ früh die Neigung für den adjekt. Gebrauch auf Kosten des substantivischen (Gess. I, 29). Der substantiv. Gebrauch von cest ist im R. d. M. bis auf ein Beispiel, wo es mit tuit erscheint, ganz verdrängt: tuit cist pechié firent 69; überall sonst die Formen von ecce ille:

Nom. Sing.: chil (le conta) à Gautier 1; cil n'est pas de bonne foi 7; cil respondi 13; cil ki soloit 16; cil le volra 27; cil dont li angele font 39; cil ki toute rikeche avoit 39; cil qui assemblent 39; cil bon euré seront 41; cil ki li plus haut estoient 42; cil ki soloit 42; cil est sages 55; cil autres 55; chil commence à dire 55; cil l'ont fait 62; cil ki ne sont mort 71; chil qui l'uevre sutilia 81.
N. Sing. Fem.: con cele ki fait avontire 82.
Akkusativ: car cil rekent 75; chelui castoie kil a chier 12.

Der adjekt. Gebrauch von cist ist häufig, im 15. u. 16. Jh. scheint der substantivische sich auf den Sing. des Femin. zu beschränken (Gess. I, 29).
Der Nom. Sing. nur einmal belegt: Ceste dame 18.
Cas. obl.: cest petit romanch 2; en cest siecle 12; 14; 16; à cest tesmoing 30; en ceste loi 60; en ceste plache 59.
Plur.: Par ces raisons 38.

Cil adjektivisch gebraucht:
Nomin.: cil hom 7; cil nons 82.
Cas. obl.: cel tans, en cele partie 6; cele chose 37; puis cele heure 50. Weitere Belege bietet unser Text nicht.

Das Neutrum des Demonstrativs, welches unter der Form chou che, ç'auftritt, findet sich dem heutigen Ge-

brauch konform als Subjekt bei estre: C'est confusion 83;
c'est contre sa volenté 75; que ç'ait esté par no folie 71;
c'estoit celée chose 53; che m'est avis 20; voirs est che 47.
bei sambler: che me samble 23; 55.

Als Akkusativ vertritt ce das heutige cela. das
letztere wird vom 16. Jh. an ziemlich häufig (Gess. 31):
il lor a chou aconté 58; che dist 53; qui chou fache 51;
chou dist li sains Hermites 9; uns chevaliers m'a che
fait 13; li ot chou dire 25; li a li Hermites che dit 49.

Mit einer Präposition: Pour chou de la crois
se saigna 8; pour chou le saint homme proie 9; por che 56;
De chou mie ne m'esmerveil 25.

Ce als Objekt in eingeschobenen Sätzen bei
Verben des Sagens war im Altfz. häufig (Nfz. Ztschr. IV.
145; Haase 29) und auch heute ist es, wenn auch als veraltet angesehen, nicht ganz geschwunden (Gess. I. 36).
Nur ein Beispiel zeigt der R. d. M.: Mahom, chou dist li
sains Hermites, tu ies . . . 9.

Zur Hinweisung auf den folgenden Satz findet sich
che: De mes hommes nus si hardis ne sera En fais ni en
dis . . . Jamais, qui chou fache ne die u point aies de
vilonnie 51. Dieser Gebrauch ist noch bei Pascal üblich,
im 17. Jh. aber verworfen (Nfz. Ztsch. IV, 14).

Der bestimmte Artikel.

Gattungsnamen: Bei Konkreten ist der Gebrauch
des Artikels Regel; auch Wörter, welche die einzigen Re-
präsentanten ihrer Art sind, werden gewöhnlich mit demselben gebraucht: le dyable 8; au dyable 9; li diables 10;
li solaus 73; li mondes 43; 73; el ciel 43; 78; del ciel 51;
au ciel 64; el monde 60; li Angeles (= Gabriel) 14; 37;
49 etc. la terre 59; à la terre 59; 37.

Im Altfz. wurden diese Wörter häufig gleichsam als
Eigennamen behandelt und dann der Artikel bei ihnen
unterdrückt. Es fehlt der Artikel quant à terre serai
cheus 51; sous terre 51; ç'a terre ne cheïsse 38. Ebenso
stets bei infier und paradys: en infier 16; 29; d'infier

la mains greveuse painne em paradys 17; 46; conquisent paradys 16. So auch bei abïsme: en abisme chaist 73.

Stoffnamen ohne Artikel und mit Artikel: par le miel 61; par le lait 61. aber: par aighe 29; comme noif blanche 64.

Konkrete in kollektivem Sinne könnnen den Artikel entbehren (Haase 38): pour homme pauvres devenoit 39; femme est de molt legier corage 52; doit estre frans ... hom loiaus 31; Sires doit sa gent conforter 67; ne valt riens hom desesperés 69; que ne soit mais batesmes fais a homme 63.

Ausnahme: Que ne fait son fil la mère 56; que ne font li enfant lor pere 56.

Abstrakte. Dieselben konnten bis ins 17. Jh. ohne Artikel stehen, so noch bei Pascal und viele Spuren im 17. Jh. (Haase 38, Nfz. Ztschr. IV, 97), besonders vor homme, chose, fortune, vor lieu und temps, wenn en vorausgieng (Darmest. 143, 144). Avarisce est de tous pechiés commendemens 26; Pechiés sa poesté eslième 42; Batesme del tout ostera 43; Si par batesme non n'eust 29; tu dampneras virginité 9; On delaira batesme 10; aimme festes et delis 21; Servages vint avant 30; pechié fuir 30; fuiroient visce 78; selonc nature 37.

Im eingeschränkten Sinne stehen Abstrakte mit dem best. Artikel, Ausnahme nur: mais fois que doi mon corps et m'ame, welches formelhaft ist und auch sonst erscheint (Haase 38).

Der Artikel vor dem Substantiv nach attributiv. tout ist in den meisten Fällen gesetzt, während noch im 16. und auch im 17. Jh. der Artikel bei autre, tout gern unterdrückt wird (Darmest. §. 155, Chass. p. 223). R. d. M.: toute la gille 1; toute la loy 2; tout le pule 7; toute la mer 16; trestout l'usage 22; tout le mont 29; toutes les fois 43; 50; 56; tout li crestien linage 46; toute la baronnie 55; toute la gent 57; 58; tous li mondes 64. Dagegen: tous chans 4; tous pechiés 26; toute rikeche 39; toutes terres 42; 63; toute terre 68; tous jors 64; 30; 79.

Häufig fehlt der Artikel bei Abstrakten sowohl als bei Konkreten, wenn die Verbindung zwischen Verb und Substantiv eine so enge ist, dass das Fehlen des Artikels dadurch motiviert wird. Dahin mögen gerechnet werden: faire silenche 57; faire guerre 68; firent pechié 69; ferons penitanche 69; fruit fera 75; faire pechié 56; faire despens 11; — porter armes 74; 75; tenir concile 57; dire verité 23; prendre garde 47; porter reverenche 26; canger couleur 10; avoir paour 65; avoir couleur 64; faire orison 14; mettre painne 26; avoir cure 20; avoir non 2; rendre raison 6; faire ennui 26; demander conseil 8; u. s. w.

Entgegen dem heutigen Gebrauch steht in solchen Verbindungen der Artikel: quant le congié a pris 64.

Das Altfz. bediente sich zuweilen des Artikels bei Abstrakten nach Präpositionen, welches dem modernen Franz. nicht eigen ist. Der R. d. M. bietet dafür keine Belege.

Bei konkreten Substantiven findet sich ebenfalls der best. Artikel statt des modernen partitiven de: en haut font tendre les cortines 31, wohin auch die Anwendung des Artikels vor autres gerechnet werden möge in folg. Beisp.: avoec iaus fait l'arrière-garde Mahommes ki la avoit garde, Or et saphyrs et crisolistes et les autres pierres eslites 65.

Ferner pflegte das Altfz. den best. Artikel zu gebrauchen nach Ausdrücken der Quantität, bis zur Zeit Commines. Dieser Gebrauch ist im R. d. M. nicht bekannt, unser Text verwendet entweder und meistens das partitive de, oder lässt auch dieses fallen: tant de langage 84; petit de tans 17; point de vil 51; le plus avoit de pooir 27; point de père 18; point d'amer 16; a maint (= moins) de damage 46; ne manga d'ortie 64; point de vilonnie 51.

tant poon 15; tant bon poisson 15; mains nobleche 28; tante fois 63. Einzelne Spuren der Unterdrückung des partitiven de nach Quantitätsbegriffen konstatiert Haase Nfz. Ztschr. IV, 117 noch bei Pascal.

Gattungsnamen, welche attributiv einem Eigennamen vorangestellt sind, können den Artikel entbehren (Haase 41). Nur ein Fall im R. d. M.: dame Dex nostre Sire 29.

Eigennamen. Personennamen bieten keinerlei Abweichung. Städte-, Länder- und Völkernamen kommen nur in beschränkter Zahl vor. Die Länder- und Völkernamen konnten den Artikel entbehren: d'Ydumée 2; em Perse 11; la gens de Perse 65; li chevalier de Persie 78, wo auch das Neufranzös. keinen Artikel setzen würde. Abweichend steht der Ländername im Nominativ Egypte 82 ohne Artikel.

Die Städtenamen ohne Artikel: de Meke 82; Babylone 83. — En vor Städtenamen war noch im 17. Jh., namentlich vor biblischen Namen und solchen, die mit einem Vokal anfangen, üblich (Nf. Ztsch. IV. 124.) en Bethléem 79; en Constantinoble 79.

Bei den Völkernamen erleidet die Anwendung des Artikels keine Ausnahme im R. d. M.: Li Persant 65: 71: 73: 74; 74: 76; as Indiiens 11; as Ethyopiiens 11.

D. Relativum.

Der substantivische Gebrauch des Relativs qui beschränkt sich auf die zwei Fälle: qui bien le tient s'ame a sauvée 60; car mal proie qui lui oublie 7, sonst ist das Determinativ hinzugefügt: Nom. Sing.: cil ki 16: 41: chil ki l'uevre sutilia 71; cil ki soloit 41; cil ki toute rikeche avoit 39; 27. Nom. Plur.: cil qui ... assamblent 39; cil ki ne sont mort 71; ferner 42; 63.

Der Cas. obliq. cui, welchen das Altfrz. für Genitiv, Dativ, Akkusativ, im Singular u. Plural, für Personen und Sachen, verwandte und vor welchem à und de meist wegfielen, ist im R. d. M. von sehr beschränkter Anwendung. Der Genitiv des Relativs ist dont: cil dont li angele font ... 39, ebenso 2; 10; 29; 37; 55 etc. In Bezug auf einen ganzen Satz steht dont: Si sui remese sans mari dont jou ai moult le cuer mari 18; Or ains cuidastes vraiement que g'eusse grant maladie, dont vous fustes molt esmaïe 37. Als Dativ wird cui mit Präpos. à verwendet, nie cui allein: à cui il est proumis 17: à cui la parole abielist 28: à cui Dex velt . . 49: à cui ne soit sens li secrés 51. Der Akkusativ ist que ke. c . q-) 9: 12: 10: 14: 21.etc. Nur bei dem Verb servir, welches im Altfrz. mit Akkus. und Dativ konstruiert wird, findet sich einmal cui: A un baron cui il servoit 5 und scheint hier für que zu stehen, da die übrigen Belegstellen für servir gleichfalls den Akkusativ zeigen: so: Si le (= la) sert 11: Mahons le sert . . . et li pourvoit tout son affaire 17.

An Stelle des Relativs steht das Adverbium que häufig in der älteren Sprache, wie auch heute in gewissen Fällen (Haase 51 und dort cit. Literatur). Si ne me seroit jamais hons que je m'i penisse acorder 23: fors toi que je ne te laisse faire nul mal 46 (Vgl. auch Ztschr. V. 330, wo Ebering die Verwend. des Relativums que für à qui für Froissart belegt).

Als Regime der Präposition erscheint cui ausser den oben citierten Fällen nach à noch: par cui la lois fust donnée 60; in Bezug auf Sachen nie cui sondern coi: pour coi 9; 13: 49: 55: aucune senefiance par coi soiom en esperance 59.

In der älteren Sprache findet sich häufig que als Nominativ des Neutrums, während erst bei Villehardouin der moderne Gebrauch qui beginnt, bei Joinville gewöhnlich, und bei Froissart bereits regelmässig ist (Gess. II. 3). Unser Text weicht in dem einen hierher gehörigen Falle nicht vom heutigen Französ. ab. çou ki est fais n'est pas à faire 37.

Das determinative ce beim beziehungslosen Neutrum kann heute nur bei quoi fehlen, während es bei qui und que unentbehrlich ist. Das Altfrz. zeigt nur selten Abweichungen vom heutigen Gebrauch (Gess. II. 14: Haase.47). unser Text keine: escontoit chon que 24. ebenso 25: 26: 47: 48 u. oft. Anders war es, wenn sich das Neutrum auf einen ganzen Satz bezog. Erst im 14. Jh.

wird hier häufig ce hinzugefügt, während noch im 17. Jh.
die Auslassung stattfand (Chass. 289. Haase 47). Die
einzige Belegstelle bei du Pont ist: Se li uns est frois de
nature, ki molt nuist a engenreure 75, mit der alten Ausdrucksweise.

Der Gebrauch von coi beschränkt sich auf die oben
citierten Stellen; ebenso ist lequel in seiner Anwendung
im R. d. M. beschränkt, wie es denn überhaupt erst vom
13. Jh. an üblicher und vom 14. Jh. an ausserordentlich
häufig wurde, bis es im 17. Jh. wieder an Gebiet verlor.
Haase 49.) Lequel findet sich dem modernen Sprachgebrauch entsprechend in: ki a un abbé de la ville lequel
on apieloit (Gravier . . . 1 und p. 60, wo es wie cui gebraucht wird und mit diesem wechselt: Par lequel tous
nous rachatastes Par cui la loys nous fu donnée 60. Attributiv
kommt es nicht vor.

dont als lokales Adverbium erscheint: D'ynfier dont
est deshiretés 40; es Sains cius dont li sains Espirs
avala 41; dont a nous estoit avalés 64.

où. Der Gebrauch desselben beschränkt sich im R.
d. M. auf Sachnamen, auf Personen bezogen findet es sich
nicht, obschon es so in der älteren Sprache verwandt
wurde 2; Un livret u . . il prist 7; 11; 49; 86; 55; 57;
60 u. s. f.

E. Interrogativum.

Das Interrogativum findet sich im indirekten Fragesatze nur einmal als que ohne das Determinativ ce, wovon
heute Spuren erhalten sind bei voici, voilà qui und in
Sätzen mit elliptischem Infinitiv: ne set que il fache 10.
Zur Bezeichnung der Person war qui bereits im Altfrz.
auch für den Akkusativ im Gebrauch, jedoch wurde auch
für beide Kasus que gesetzt (Gess. II. 17). So erklärt sich
im R. d. M. der einzige hierher gehörige Fall: ne sai
que vous m'alés loant, wo que = qui ist.

F. Indefinita.

Tant. Dasselbe hat fast durchgehend seinen adjektivischen Gebrauch bewahrt: tante pieche de venison 15; tante soutil parole 19; tante dame avenans 32; tant borjois et tant eskuier 32; tantes pertris et tant faisans 33; tant hairon et tant bon poisson 33; tante fois 63; tant poon 15. Der moderne Gebrauch in unserm Texte nur: tant de langages sont 84.

Quant wurde noch im 16. Jh. adjektivisch gebraucht. Spuren davon zeigt auch die Neuzeit (Gess. II, 31; Darmest. §. 178) quans piés il eust 3; quans quarrians 4.

Quanque in koncessivem Sinne: et quanque li mondes a chier 25; qui quank'il lor dist 59; quanqu'on peusse 75.

Combien ist nirgends eingetreten.

Neutrales **petit** findet sich: petit dormoit 7; un petit s'apaia 37; petit de tans 17; 52. Im Sinne des heutigen quelqu'un und quelque gebraucht das Altfrz. **aucun**, welches seine positive Bedeutung bis ins 17. Jh. hinein bewahrte und einige Reste auch in der heutigen Sprache aufweist (Darmest. §. 171).

Substantivisch: auchuns 1; c'aucuns trouvés le a 13; suis véus d'anchun 51; u. oft.

Adjektivisch: pour anchun pechié ke il font 14; auchune oevre 15; par auchun art 19; par auchun maladie 21; auchune malvaistie 24; auchun signe 52. Beispiele für den pluralischen Gebrauch kommen im R. d. M. nicht vor. Im Sinne des modernen aucun verwendet die ältere Sprache **nul**: nus hom n'i prendroit fons 6; n'est nus ki .. 34; a painnes est nus sans envie 42; nus ne l'en ferait mentir 45. u. s. f.

Die Akkusativform **nului** findet sich in substantivischer Verwendung: à painnes trouvissiés nului ki . . . 26.

autrui, der Cas. obliq. von autre, steht: miex garde les autrui biens 22; Chascuns fache à autru chou que . . 39; ke il fait miex autrui esplois 22. Die Präposition de fehlt

gewöhnlich im Altfrz., wenn sie den Besitz ausdrückt
(Gess. II. 23), dazu bietet das erste Beispiel einen Beleg;
ebenso konnte à unterdrückt werden (Gess. ib), ist jedoch
in dem von uns cit. Beisp. gebraucht.

chascuns heute nur substantivisch, im Altfrz. und
noch zuweilen im 17. Jh. auch adjektivisch gebraucht.
chaque wird erst mit dem 16. Jh. üblich (Gess. II. 26):
chascuns hom 30; à chascun oir 74.

Maint ist in der älteren Sprache adjektivisch und
substantivisch verwandt (Gess. II. 27), der letztere Gebrauch
findet sich im R. d. M. nicht. Adjektivisch ist es sehr
häufig: p. 14; 15; 32; 10 etc.

tout, trestout. Bevor Vaugelas und endgültig die
Akademie den Gebrauch des adverbialen tout geregelt
hatte, liebte es die ältere Sprache, dasselbe mit dem Subjekt kongruieren zu lassen (Nfrz. Ztschr. IV. 153).

Solche Fälle sind: estoit-il tous pelus 7; chascuns toz
liés 8; fut tos esmeus 9; til ies an dyable toz avités 9;
li autres est tous esmaris 16; toz esmeus 51; tous esbahis 84;
tous kenus devient 21; toute effraée; un veel tout blanch
(accus) 52; le ventre a tout plein 21. Der einzige Fall
wo tout nicht auf Subjekt bezogen ist: anjables et tost
tornés, wenn anders kein Schreibfehler vorliegt.

Die indefiniten Pronomen werden zuweilen durch
andere Wörter vertreten: So durch hom in der Bedeutung
des modernen personne: n'aurois homme ki tant en
sache 23; vous n'aves homme 25; n'i remaint hom ki vailie
nus 32. Ebenso ist ame gebraucht: ne trouvaiscent nule
ame 6; Jamais ame ne sera cuite 46.

Komparation.

Die geringe Anzahl der Belegstellen lassen keinen
Schluss zu. Erwähnt möge nur werden der Komparativ
des Adverbs im Sinne des Superlativs: car cil rekeut ki
plus semme 75. Während im Sinne des Superl. die ältere
Sprache bis ins 17. Jh. hinein häufig den Komparat. gebrauchte (Haase 62), steht unser Text auf dem Standpunkte

des modernen Französisch.: cil ki li plus haut estoient 42.

Zahlwort und unbestimmter Artikel.

Das Zahlwort ist sehr selten im R. d. M. Wie sonst im Altfrz. werden die Zahlen durch et verbunden (Haase 63. Darmest. §. 182): mil et c c cinkante et wit 84. Der Vers zeigt zugleich die Verwendung des mil in der Jahreszahl nach heutigem Gesetz, während das Altfrz. auch mille dafür schrieb. Umgekehrt war mil nicht auf obigen Fall beschränkt, dazu: mil bon chevalier 68.

Der unbestimmte Artikel un liess im Altfrz. einen Plural zu, bei uns findet sich kein Beleg.

Der unbest. Artikel war bis ins 17. Jh. hinein entbehrlich Haase 65. Chass. 248. So steht das Substantiv ohne unbest. Artikel zur Bezeichnung eines unbestimmten Individuums im R. d. M: S'omme de haut parage prennés 19; assemblée n'est pas bonne de viellart et de femme jone 20; de viellart et de femme jone 23; qui est hom de haute merite 44. Andrerseits wird der Artikel in ähnlichen Fällen gesetzt: en cel tans estoit uns hom de sainte vie 6; uns hermites senés 13; dire vous voel d'un chevalier 12 und oft.

Liegt der Nachdruck auf dem unbest. Artikel, so darf derselbe nicht fehlen: et que X femmes ait uns hom 58; et X maris ait une femme 58; et c'une femme ait X barons et que X femmes ait uns hom 63; que uns seus hom X femmes ait et X maris ait une femme 75.

Wie bei Villehardouin und Joinville (Haase 65 ff.) fällt der unbest. Artikel aus bei der Verneinung onques .. ne: onques ne fist commandement 39; wie auch sonst in negativen Sätzen: n'aurois homme ki tant en sache 23; S'oir ne laissies en vostre terre 27; Que le trouvast jamais hons 59; ne valt riens hom desesperés 69; que jamais hons rendre vaincu ne le peust 19; Jamais ame ne sera cuite 46.

Bei den vergleichenden Adverbien vor attributivem Adjektiv ist die Auslassung fast durchgehend Regel

Haase 65): So bei si: si dure vie 7; a si grant soif 16;
si grant sire 25; si haute creature 37; si grant fais 43; si
grant fauseté 44; si blanche piel 59; si saint homme 63, etc.

Die Auslassung ist begründet durch die enge Verbindung des Verbs mit dem Substantiv in Beispielen wie die folg.: s'a Mahons concile tenu 57; sans mot sonner 59; fait bonne chiere 68; il vous convient mari avoir 28; propos tenir 28; faire pechié 56; faire orison 14; oir goute 21; avoir cure 19; faire annui 26. u. a. m.

Beliebt ist die Auslassung bei dem Substantiv, welches ein attributives Adjektiv bei sich hat, besonders wenn dieses das Adjektiv grand ist: avoit grant fianche 36; en molt grant franchise 30; que g'eusse grant maladie 37; avoient grant volenté 42; devés grant joie avoir 44; à grant nobleche 47; demené grant feste 53; ferner p. 63; 65; 68; 78 etc. par aperte monstracion 44; bonne seurté vous en doing 44; haute chose celestiane 56; voire parole 58, avoir courte vie 4; avoir bon droit 4, etc. Ausnahmen sind selten: à une grant feste criée 51; un grant sermon lor vait tenant 75; en un fort liu 71.

Ueberwiegend ist die Auslassung in der sich mehrfach wiederholenden Ausdrucksweise: faire loy nouviele; et que loy nouviele feroit 49, ebenso 53; 61, aber: k'il doit faire une loi nouviele 54.

autre und tel vor einem Substantivum entbehren mit einer Ausnahme für ersteres stets den Artikel: ou autre conte plus seur 4; tost a autre quise 23; ne par autre affaire 45; c'autre fois 46; Tel honte et tel annui en eut 29; tel chose a dite 50; tel noise font 73; rent tel clarté 81; en tel endroit 81, etc.

Aber: la Somme d'une autre loy renouveler 49. Der R. d. M. steht in Bezug hierauf noch auf dem Standpunkte Villehardouin's, wogegen bei Joinville bereits der Gebrauch des unbest. Artikels um sich gegriffen hat. (Vgl. Haase 67.)

V. Das Verbum.

Die Arten des Verbums.

1. Unpersönliche Verben.

Es erscheinen nur wenige im R. d. M.: ne vous en convenist penser 27; il vous convient mari avoir 28; que tous nous convient mourir 30; loenges m'en convenra faire 49; miels nous i vient ferir 66; vous saves les usages k'il couvient à chevalerie 67; Il couvient au-desous jesir no dame 24.

estuet: ne vous estuet de riens cremir 25; un autre vous estuet avoir 27.

falloir kommt persönlich vor. wie meist im Altfrz.: chi faut li Romans 84; fu au tourment ki ne faut 16.

avient: Qu' à maint homme avient 22; k'ensi m'est avenus 36; ensi avint 41; toutes les fois m'avient 43; apries petit de tans avint 52.

mais il samble que . . 27; 48; 52; 63; 81.

souvenir: Si k'il em peust souvenir 82.

Statt des Passivs verwendet das Altfrz. das unpersönliche il (y) a mit einem durch ein prädikatives Partizip bestimmten Substantiv (Haase 69). Nur ein Beleg im R. d. M.: molt i ot demené grant feste 48.

2. Persönliche Verba.

a. Transitiva.

croire mit Dativ d. Person u. Akkus. der Sache. Die Belege sind selten: à cest tesmoing doit-on croire 30; croit à l'omme saintisme 10; se croire volés mon acort 21; croire mes consaus 22; son conseil querrai 22.

Servir ist früher besprochen. croistre: Vos biens vos honors croisteront 25. acroistre: pour acroistre l'umain linage 39; pour plus acroistre la merveille 62. pourvoir: pourvera les autres choses 43; Dex ensi l'a pourveu; dagegen: li pourvoit tout son affaire 17.

perir: Si ne vous velt pas tous perir 43. morir: Adans nous a honnis et mors 30; et si l'a mors 77. (Vgl. Ztschr. I, 196.)

3. *Reflexiva der alten Sprache.*

(Vgl. Ebering. Ztschr. V. 331 ff.; Darin, S. du Verbe p. 14 ff.) issir: s'en ist de la sale 25; aber: de sa bouche ist escume fors 35; ordure ist 20. partir: se part 74; ne ja partir ne s'en volsist 52; aber: sont de la cort parties 53. tarder: se tarde de parler 24. assentir: S'a nostre conseil assentir ne vous voliés 27; Bien me voel assentir . . que 37; l'uns et l'autres s'i assent 31. departir: se deust departir 48; aber: Mahons depart de sa dame 19. s'en venir, s'en revenir, s'en monter: s'en vinrent 65; s'en revint molt lie 49; s'en sont as fors chevaus venu 71; s'en sont arriere revenu 12; s'en sont monté 58.

b. **Verba die heute reflexiv gebraucht werden.**

(Ztschr. V, 336; 337.): lever, relever, assambler: li solaus liève 73; relevés est premierement Mahons 59; sont assamblé homme Mahon 72; cil qui autrement assamblent . . . . se dessamblent 39; Sa dame fu levée 49.

Neben dem häufigen s'en aller findet sich auch r'aller: Au ciel en est r'alés 64. affaiblir, noch im 16. Jh. ohne reflexives Pronomen (Darmest. §. 195 d). li mondes afoibloie 60. Prendre à: (= se mettre à): si les prist à comforter 75; pour chou prist à loer le sien 53. fuir reflexiv: 8; 35.

Person und Numerus.

Bestimmt ein Relativsatz ein persönliches Pronomen, so nimmt das Verb des Relativsatzes die Person des persönlichen Fürwortes und nicht wie im Deutschen die des Relativs, eine Regel die im Altfrz. nicht streng beobachtet wurde und noch im 17. Jh. Ausnahmen aufweist. (Haase 79). Unser Text weicht von der modernen Sprache nicht ab:

si ne nous velt pas tous perir, Qui la loy ne poons tenir 43; fors soi ... qui es sains hom 46; Pere glorieus ki ne mens, ki ... as crié les 4 elements, qui vo fil envoiastes, par lequel tous nous rachatastes 60; Vous ki n'i aves meffait 75.

Abhängig von Kollektiven zeigt das Zeitwort bald den Singular, bald den Plural: li chevalerie vint 52; toute la baronnie ensamble Mahom apielent 55; la gens mesdiroit 24. und ebenfalls der Singular nach la gens p. 38; 41; 58; 70; 79; 81; 84, aber: la gent Mahom .. lor rendent 74; la gent forsenée cuident 76.

Konstruktion nach dem Sinne liegt vor: pour faire la gent querre, k'il soient 57; la gent fole que il cuident .. 64; à la gent fu de Ninivée ensi lor coupe pardonnée 69.

Gemischt ist die Konstruktion: la gens de Perse est fors ... et auchun droit ont en la guerre 66; Tout maintenant la compaignie, lues que la parole a oïe Li proie qu'ele lor proumete, Et que n'en fache longhe dete. De faire lor volenté toute ... 28.

Bei voraufgehendem Verb steht dieses ebenfalls im Plural wenn mehrere Subjekte folgen, zu notieren ist hier nur der Singular des Verbs zu l'un et l'autre, wo die moderne Sprache dem Plural den Vorzug giebt: richement s'apparaille D'armes l'une et l'autre partie 71.

Gebrauch der Tempora.

Praesens.

Praesens. In der Erzählung steht das historische Praesens häufig statt des historischen Perfekts und wechselt mit diesem (Suchier. Auc. u. Nic. 51), ein Gebrauch, welcher im 16. Jh. noch nicht gänzlich geschwunden ist (Darmest. §. 199). Dasselbe ist im R. d. M. der Fall: Il trouva l'uis verrouillié La dame od soi pas n'amena Mahommes meïsmes i va. il dit ... 36; Mahons revint de pasmisons Bielement parole as barons 36; Mahons pas ne se oublia Ains revint devant l'ajornée. En son lit se couche à colée. Lues que sa dame fu levée ... 49; En haut nostre Sire pria et si durement s'escria Que maintenant entendu l'a Li toriaus et la voie oïe, Trestout maintenant se deslie, car n'estoit pas ... 64; Il a coulour comme noif blanche Si n'a mie maigre la hanche, simple le virent et privé, il le cuident 64; Puis vait cascuns ... Mahons son toriel reloia 64; Vers le gaste mostier les mainne, De l'entrée querre se painne, avant, arrière encore ala, et puis .. 76; ebenso 55; 11; etc.

Verba dicendi zur Einleitung der direkten Rede stehen im Rolandsliede regelmässig im Praesens histor. (Bockhoff 16), so auch häufig bei Villehardouin, während Joinville diese Verwendung des Praes. hist. weniger kennt. (Haase 82). In unserem Texte wird die direkte Rede mit grosser Vorliebe durch dist eingeleitet, welches ohne Rücksicht auf die vorhergehenden leitenden Tempora auftritt und hier so typisch geworden ist, dass es sogar steht, wenn der Begriff des Sagens bereits durch ein anderes Verbum gegeben ist (Bockh. p. 53) wie z. B.: respont et dist 28. Andere Zeiten des Verba dicendi vor der direkten Rede sind: respont 18; 23; 47, bei voraufgehendem praes. hist. dit 36; 56; dient 54; 54. Ferner steht: a dit nach voraufgeh. Praes.: 59; 67; araisonna, nach voraufgeh. Perfektum II 61; a respondu, nach voraufgeh. Perfektum II u. Praesens 67; 31.

Praesens statt Imperfektum findet sich, um einen Zustand in der Vergangenheit zu beschreiben, der mit dem Tempus des leitenden Satzes gleichzeitig ist (Bockhoff 17, Haase 83 ff.). assis est en une chaiere, u il resplendist mainte piere, ki molt est preciouse et chière, dont li fus estot de cyprès .. 55; M., par s'iniquité de molt plus grant auctorité se fait que estre ne soloit. Rire ne bourder ne voloit .. 51; La dame remest en grant cure n'avoit ne signour ne enfant, Mahons le sert com devant, et li pourvoit tout son affaire; Par son sens et par son savoir li mouteplioit son avoir 17; A s'ame paroles devines, et sa char donne herbe ou rachine, et quant ses mangiers ert plus grans, si mangoit . . 8.

Historisches Perfektum und Imperfektum.

Die Gesetze über den Unterschied zwischen hist. Perfekt. u. Imperfekt. lassen sich in ihren Anfängen im R. d. M. nachweisen: A son signour conta la guile, ki a un abbé de la vile, lequel on apieloit Gravier, le conta . . . et chil à Gautier. ki moignes estoit de s'abbie 2; Selonc la coustume et la guise ki ou païs adonc estoit 6; Tout le monde par aighe noia, pour le criminable pechié. dont tuit estoient entechié . . 29; Ensi com noucha l'aventure Gabriel à la Virge pure De Jhesu qui devoit venir . . 38; La vint uns hermites senés, Pries d'illuec avoit sa maison . . 13 u. a. m.

Im Altfr. ersetzt das hist. Perfekt. häufig das Imperf. des Neufrz. So findet sich das hist. Perfekt zur Ausmalung von Zuständen. zur Angabe der Eigenschaften von Personen, und wechselt hier mit dem historischen Präsens. Noch im Rolandsliede findet sich da wo ein präteritales Tempus in Anwendung kommt viel häufiger Perfekt. hist. als Imperfekt (Bockh. 54). Im R. d. M. hat hier das hist. Perfekt zum Vorteil des Imperfekts an Gebiet eingebüsst. wir finden das letztere z. B.: p. 4-5: Bons clers ert de geometrie, de . . . . Il savoit tous chans acorder . . . . molt bons clers estoit de gramaire . . . . Par retorike et par raisons savoit-il . . . . Ja soit chou que il fust si sages, estoit-il sers et ses linages. Sers de son chief por voir estoit, A un baron cui il servoit ki riches ert de . . Souvent envoioit par sa gent u. s. f.

En cel tans en cele partie Estoit uns hom de sainte vie Demourans en un hermitage, En une montaigne sauvage, U il proioit nostre Signour . . . . Lui meïsmes n'oublioit mie, car . . . p. 5-6; Cil hom vivoit sans vilonnie Poi buvoit de bon vin sour lie Por Diu menoit si dure vie, Nul mal en lui ne laissoit croistre Ains se batoit . . Petit dormoit . . . u. s. f. p. 6; 7; 8. Jedoch ist dieser

Gebrauch des Imperfekts nicht absolut herrschend, es finden sich auch Stellen, wo das der älteren Sprache eigene hist. Perfektum zu Schilderungen verwandt ist. So, nachdem das hist. Praesens eine Zeit lang die Schilderung des Festes übernommen hat . . . Harpes i sonnent . . . Tantes pertris i ot . . . Piument i boit-on . . . molt i ot demené grant feste, Maïs tost fu muée en moleste . . 34.

Häufig wechseln beide Tempora in demselben Satze: Il connissoit par escripture et Mahommet et sa nature, comment il s'estoit demenes, et ou ses linages fu nés. Ses pères fu nés d'Ydumée, aussi i fu sa mère née. Audimenef ot non ses père . . p. 2; Et don Riche qui tant poon Englouti et tant bon poisson, Tante pièche de venison Et but bon vin . . Et ki avoit si souef lit, Qui vestoit la porpre . . 15. Wie im untergeordneten Relativsatze das Imperfekt, so steht zuweilen in demselben auch das hist. Perfekt, doch sind die Fälle der ersteren Art weit häufiger (s. oben). Li escuiers portoit un gourle de deniers Que ses sires li ot chargié 12. avoec soi les a amenés ou mis ot le lait . . 60.

Im Konjunktionalsatze steht häufig das hist. Perfekt: Apries petit de tans fu mors Ses sires; si fist-on au cors aussi con dut sa droiture 17; Mahons de la sale s'en ist, A chascun des haus barons dist. Si tost con ot et liu et tans . . . 25; Rist quant il vit ensi son père 26; dgl. 39; 53 etc.

Das Altfrz. bedient sich oft des hist. Perfekts statt des heute üblichen Perfekts II, einmal um Handlungen als historische Thatsachen der Vergangenheit in Beziehung auf die Gegenwart darzustellen, und andrerseits statt des Plusqpf. um eine in der Vergangenheit vollendete Handlung auszudrücken (Haase 87 ff; Bockhoff 43 ff): Hist. Perfekt statt Perfekt II: Que li fils Diu em paradys, Fist d'omme et de femme jadis 9; Jou irai demain, dist la dame, mais foi que doi mon cors et m'ame s'il dist que tu ne dis pas voir . . 45; Or m'as dit si grant fausetée . .

Perdre ta langhe menteresse . . . car tu t'i assentis . . 44.
Aber: Pour chou brièment m'en passerai, Que devant
conté le vous ai . . 57.

Hist. Perf. statt Plusqpf.: ki après à lor signor dirent
Chou que de Mahommet oirent . . 54; Car toute la gille
savoit que Mah. fist en sa vie 1; On trueve en un livre
devin, Que Noé par forche de vin k'il but, s'endormi . .
29; Pour chou li fu donnés li nons Que on i fist la tour
jadis . . 84.

Dagegen nach modernem Gebrauch: Pour chou pardon
li demandoit, Qu'encontre lui avoit esté 50; Pas ne savoie
que Mahons esté i avoit 49; Li escuiers ki fu maris, Sa
mère avoit feru dou pié . . 14 u. oft.

Plusquamperfekta.

Das Plusqpf. II drückt eine in der Vergangenheit bereits vollendete Handlung aus. Im selbständigen Satze findet sich im R. d. M. das Plusqpf. II mit Vorliebe, abweichend vom Sprachgebrauch bei Villehardouin, wo Plusqpf. II mit Plusqpf. I um die Herrschaft streitet, und abweichend auch von Joinville, der Plusqpf. I auf Kosten des Plusqpf. II bevorzugt (Haase 91). Im selbständigen Satze: Au Dyable fu retolus . . Theophylus 68; A la gens de Ninivée fu ensi sa coupe pardonnée 69; De teus trois fu enluminés 79; Elle i fu assise par art 81; li fu donnés li nons 84; tost fu muée en tristeche la grant joie 48; Quant li tans fu ensi passés 65.

Plusqpf. I: Li escuiers ki fu maris Sa mère avoit feru dou pié 14; Li torians estoit près de là repus . 9.

Im Nebensatze zeigen die Beispiele im Relativsate überwiegend Plusqpf. I, im Konjunktionalsatze stehen sich beide Tempora ziemlich gleich.

Relativsatz: Uns clers ki sarrasins avoit esté 1; mais prise avoit crestiienté 1; Dire vous voel . . . et d'un boskillon . . . ki ert venus 12; Li torians que Mahommes avoit de pain norri 59; La loi que M. avoit escrite 59; ki donnée ert 38; vint à Mahom ki l'avoit mandée 52; loys

que M. fait avoit 62; que M. avoit controuvées 62. Ausnahmen: qui fu fais 84; avarisce .. dont entechié furent li baron 26; avoec soi les a amenés, où mis ot le lait 60. Konjunktionalsatz: Chou que Mahommes li ot dit 49; Chou que M. li ot conté 52; Si tost con li ans fut passés 18; lues que sa dame fu levée 49; Quant ot che dit 67; quant il ot pensé en parfont 47; Quant eut sa proiére fenie 60; Quant la mors l'ot pris 16.
Aber Plusq. I: Quant les avoit consilliés 8; pour chou c'a Diu s'estoit donnés 2; comment il s'estoit demenés 2; que lues s'avoit agenoillié 52; pour chou c'on avoit ven 82.

Das Plusqpf. II wechselt im Altfrzös. zuweilen als Tempus der Erzählung mit historischem Perfekt, so oft bei Villehardouin, vereinzelt bei Joinville (Haase 91; 92); im R. d. M. findet sich kein Beleg dieses Gebrauches.

In betreff der Verba morir und naistre ist zu konstatieren, dass das später gebildete einfache histor. Perfekt dieser Verba unserem Texte noch nicht bekannt ist: fu mors ses sires 17; ne fust mors 26; fu nés 2; 2; 2; Dex fu nés 79.

Tempora in hypothetischen Sätzen.

Die geringen Belegstellen im R. d. M. erlauben kaum, einen Schluss auf den Gebrauch der Tempora der hypothetischen Sätze in unserem Texte zu ziehen.

Die älteste Konstruktion war Imperfekt Konjunktivi im Haupt- und Nebensatze. Daneben tritt schon früh die moderne Konstruktion: Indikativ Imperfekti im Nebensatze, Imperfekt futuri im Hauptsatze eines irrealen Bedingungssatzes auf. Das erste Beispiel des modernen Gebrauches findet sich in Cumpos, Anfänge im Roland. Bei Villehardouin kommt das Imperfekt Konjunkt. im bedingenden Satze gleich dem heutigen Imperfekt Indikat. nur in Verbindung mit diesem letzteren vor (Haase 95), andrerseits zeigte sich das Imperfekt Konjunkt. bis ins 16. Jh. erhalten (Haase 94; Rom. Stud. V. 490; Franz. Stud. III, 4. p. 17 ff). Wie bei Villehardouin findet sich im R. d. M.

ein Beispiel des Imperf. Konj. im bedingenden Satze in Verbindung mit dem Imperfekt Indik.: s'il buvoit toute la mer et si n'i eust point d'amer . . son soif n'en estancheroit pas 16.

Ein anderes Beispiel zeigt den modernen Gebrauch: Imperfekt Indikat. im Nebensatze. Imperfekt futuri im Hauptsatze: la gens mesdiroit de moi, se jou me marioie à toi, se je te prennoie à signour, ne me daigneroient servir 24.

Den Uebergang von der älteren zur neufranzösischen Konstruktion bildet: Konjunktiv im Nebensatze — Imperfekt futuri im Hauptsatze: Dont uns enfes maintenant nés En seroit en ynfier penés. Se par batesme non n'eust 29; Et se ne fuisse en servage, a nul homme de haut parage ne porries miex estre donnée 23; molt seroient bien eurées les ames, s'un jour osteléex Em paradys avoec Diu fussent 78. Wie diese Beispiele zeigen tritt im Hauptsatze überall das Imperfekt Futur. statt des Konjunkt. Imperfekti ein, mit Ausnahme eines Beispieles, wo die älteste Konstruktion: Imperf. Konj. im Haupt- und Nebensatze im irrealen Bedingungssatz der Gegenwart oder Zukunft erhalten ist: Dame dient-il, Se nos Sire ne fust mors, A painnes trouvissiés nului ki . . . 26.

Endlich findet sich in ältester Zeit das Imperfekt. Konjunktivi in beiden Gliedern des hypothetischen Satzgefüges in der Bedeutung des Plusquamperfekts Konjunktivi. während neben dieser Konstruktion eine modernere erscheint: Imperfekt. Konjunkt. in einem, zusammengesetztes Plusquamperfekt. Konjunkt. im anderen Gliede. (Haase 96). Zu der jüngeren dieser beiden Konstruktionen giebt der R. d. M. einen Beleg: Ia deffendu ne lor eusse Se de par Diu ne le seusse.

Die Umschreibungen.

devoir. Dasselbe wird gebraucht, um solche Zeitformen zu umschreiben, welche die heutige Sprache durch das Futur. resp. Imperfekt futuri ersetzen würde: Il savoit c'aucuns hom eust courte vie on deust vivre longhement 4; mes ans fust plentuis de forment. On s'il deust grant froit aire 4; faire: faire mit dem Infinitiv zur Umschreibung les Verbum finitum: Il proie Diu en sa pensée Que il l'en ache demoustrée 63; Avant venés, l'escrit k'il aporte prennés. Que vous envoie nostre Sire Et si le faites en haut lire 62; Que vous me faites lues couvrir De preciouse vesteure. Et si i metés molt grant cure 50; fachent lues livrer à torment 63 u. a. (Ztschr. I. 11. Ztschr. V. 376.)

Zur Umschreibung des Aktivs bediente sich die ältere Sprache des Zeitwortes estre mit Partizip Praesentis, und des Zeitwortes aller mit dem Gerundium. Die letztere Konstruktion erhielt sich länger als die erstere, ist jedoch seit Corneille veraltet und nur noch im eigentlichen Sinne gebraucht (Franz. Stud. I. 10; 11). Zu estre + Partic. praes. nur ein Beisp. im R. d. M.: k'il li soit aidans 25. Dagegen aller und Gerundium ist sehr beliebt: Ains nous iroient despisant 24; qui de pechié se va lavant 30; ne sai que vous m' alés loant 31; Don mangier k'iroie contant 33; Les commans Diu vont despisant 43; ke vous iroie-jou disant 43; nous nous irons humeliant 68; Des chevaus les vont enversant 74.

Infinitiv.

Der substantivische Infinitiv, der sich noch im ganzen 16. Jh. und vereinzelt im 17. Jh. nachweisen lässt (Darmest. §. 203; Nfz. Ztschr. IV. 108; Haase 101; Chassang.) tritt auch in unserem Texte verschiedentlich auf: par son savoir li monteplioit son avoir 17; Onques mais si bien au valoir Mahommet n'avint 12; S'on ne met au retenir cure 20; Don mangier k'iroi contant 33; le voloir Diu 57; li voloirs Diu 67; A l'assambler grans cols se donnent 73; laissiés le plorer 76; Don querre s'a tant travillié 77; Del entrée querre se painne 76; Pechié cuideroie faire del voloir Diu repondre et taire 56. Die letzten beiden Beispiele bilden zugleich Belege für die im **Altfrz.** beliebte Konstruktion: Objekt vor dem Infinitiv und Verschmelzung der Präposition des Infinitivs mit dem Artikel des Objekts.

Ein Infinitiv in passivem Sinne statt des Infinitivs passivi im Neufrz., den Darmest. noch im 16. Jh. konstatiert (= Tout ce qui est digne d'escripre = d'etre escrit, cit. v. Darmest. §. 197) und noch im 17. Jh. vorkam (Monnard. Chrest I. 135 cit. v. Haase 102) findet sich im R. d. M. nicht. Ebenso wenig erscheint der Infinitiv abhängig von Präpositionen, nach denen er heute nicht mehr im Gebrauch ist, wie z. B. nach en. par etc. (Lach. 34). Nur die adverbiale Redewendung: par estavoir 28 ist hierher zu rechnen.

Infinitiv ohne Präposition: Als Subjekt steht der Infinitiv ohne Präposition: Car molt me samble grans anois Dire une chose tante fois. (Vgl. Lach. 21. Nf. Ztsch. IV, 165). Als Subjekt unpersönlicher Verba: il convient au-desous jesir 24; ne vous en convenist penser 25; Il vous convient mari avoir il nous i couvient ferir 70; ebenso 30; 49; 60; un autre vous estuet avoir 27; n'i valt plorer 37; miels vaut Diu prier 76. Convenir, estovoir. loisir haben fast regelmässig den reinen Infinitiv nach sich, einzelne Ausnahmen citiert Lachm. p. 18.

Der Infinitiv als Objekt. (Vgl. Ztschr. I, 214; Lachm. 6f. Als Objekt der Hülfszeitwörter devoir, pouvoir, vouloir. oser, souloir steht der Infinitiv im R. d. M. ohne Präposition. auch sonst kommen im Altfrz. nur vereinzelte Abweichungen vor. Ebenso steht der reine Infinitiv nach daigner: ne me daigneroient servir 24. Beispiele zu den obigen Hülfsverben anzugeben ist nicht nötig. oser erscheint sehr häufig, so: 25; 26; 53 u. oft. savoir nahm auch den Infinitiv mit à nach sich, bei uns nur der reine Infinitiv: 4; 12; 25; 67.

Verba des Wünschens. Es kommt nur aimer mieux vor: Car miex aimment perdre la vie, ke estre en lor servage mis 66. wo das heutige Französich den zweiten Infinitiv mit de einführen würde. que d'estre . . . ; jener ältere Gebrauch findet sich bis gegen Ende des 17. Jh.

(Nf. Ztschr. IV, 166). Plus que dormir aimoit villier et soi durement travillier 6, wie auch heute nach aimer der reine Infinitiv neben dem Infinitiv mit à gebräuchlich ist (Vgl. Mätzner).

Verba des Denkens haben den reinen Infinitiv: cuider: toz honnis estre cuidast 7; bien le cuide avoir decheue 44; ebenso 48; 55; 56; 63; 64; 65.

Verba des Befehlens, Versprechens, Schwörens haben oft im Altfrz. den reinen Infinitv neben dem Infinitiv mit à (Lachm. 9). Commander tritt nach Lachm. ziemlich gleichmässig mit à und ohne Präposition auf: commande aler en voie 10; à ses amis vertus suir commanda et pechié fuir 39; La loys commanda cristiainne à ses apostles par la terre semer et les ames conquerre 41, wo commander mit reinem Infinitiv gebraucht ist. Li proumet affaire (= à faire) 37; ebenso jurer mit à: Mahommes à tenir li jure 47. Reiner Infinitiv folgt nach otroier: faire ta volenté otroi 47.

Nach commencer, prendre, laisser = unterlassen, folgt der Infinitiv mit à. Auch hier seltene Ausnahmen (Lach. 8): commenche à dire 22; Thumas commencha à dire 41; commenche à sermonner 59; Diu commencha à proier 60 u. a; neben ki commanche conter et dire 28 (vgl. auch Soltmann, Franz. Stud. 417), jedoch könnte hier ohne Verletzung des Versmasses à eingeschoben werden. Prist à loer le sien 53; les prist à comforter 75; Mahom à laidengier laissa 37; **se faindre, se tarder** haben de, wie sonst im Altfrz. (Lach. 28), **aidier** verlangt meist à, selten den reinen Infinitiv: estre véritables se faint 19; de parler un petit se tarde 24; aida à tesmoignier 49.

faire kommt mit à und dem Infinitiv vor in der Bedeutung „kund und zu wissen thun", im R. d. M. jedoch nicht. (Vgl. Lach. 13).

Verba der Bewegung finden sich im R. d. M. nur mit dem reinen Infinitiv oder mit pour, während hier die ältere Sprache auch den Infinitiv mit à kennt (Haase 107). vont demander conseil 8; ert venus querre une somme 12: l'ala mostrer et dire 38; sen vinrent pour les gens Mahom assaillir 65.

Die Partizipien.

Partizipium Perfekti: Die Kongruenz des mit avoir konjugierten Partizips mit dem ihm voraufgehenden direkten Objekte ist vorherrschend; von ca. 40 Fällen zeigen 30 Flexion. 10 nicht. Schwankend verhält sich der R. d. M. in betreff des dem Particip folgenden Objektes. Von den 12 Belegen aus unserem Text zeigen 6 Flexion, 6 nicht. Die reflexiven Zeitwörter verwenden als Hilfszeitwort avoir neben être. (Ebering, Ztschr. V, 338; Tobler, Aniel 29): que si bien s'a pené 50; s'avoit agenoillié 52; s'a tant travillié 77. Das Part. Perf. der reflex. Verben richtet sich nach dem Subjekt. Ausnahme des Reimes wegen: Car as Persans s'est apaié 77; statt apaiés.

Partizip Praesentis und Gerundium: Das Part. Praes. statt eines Relativsatzes oder eines Konjunktionalsatzes steht nur: uns hom ... demourans en un hermitage 6; Voiant ses apostles monta 17.

Transitive Verba mit einem Akkusativobjekt kommen im R. d. M. weder im Part. Praes. noch im Gerundium vor. Ausser den pag. 89 aufgezählten Beispielen des Gerundiums in Verbindung mit aller, ist dasselbe selten. Es konnte im Altfrz. wie ein Substantiv als Objektskasus und wie heute von en abhängig, sowie nach anderen Präpositionen auftreten, bewahrte auch seine Verbalkraft, wovon einzelne Spuren im Nfz. geblieben sind. (Haase 108.) Ausser in faire semblant 62; à tout lor vivant 63, findet sich das Gerundium nur mit en: Mahons em plorant lor otrie 71; respondu li a en faignant 31. (Vgl. Chassang. 375 ff.; Darmest. §. 210; 211. Haase p. 107 u. dort cit. Zeitschriften).

Der Konjunktiv.

A. Konjunktiv im selbständigen Satze.

Beispiele zu demselben sind sparsam im R. d. M. Im Wunschsatze (Haase Konj.; Bischoff 5): Et Dex nous i voelle mener 57; Ja Dex ne le voelle avenir 66; Viegnent par nos fers amourés ... que tuit s'em puissent mervillier 66. In Begrüssungs- und Abschiedsformeln (Bisch. 6): Bien soies-vous venu 55, das einzige dahin gehörige Beispiel. Selbständige Sätze verwünschenden Inhalts und Wunschsätze der indirekten Rede fehlen bei uns (Haase, Konj. I; Bisch. 5).

Der Konjunktiv im selbständigen Aufforderungssatze war im Altfrz. von grösserer Ausdehnung als heute, da er dort auch in der 2. Person des Imperativs erscheint, im Nfrz. dagegen nur die dem Imperativ fehlende 3. Person ersetzt (Haase, Konj. 2; Bisch. 13). Konjunktive von Verben ohne besondere Form für den Imperativ sind im R. d. M.: avoec ians en tel liu soiés 70; Soiés en nostre compagnie 67; Et sachiés que ja nostre Sire ne le tenra pour avoutire 22: 75.

Zu den selbständigen Wunschsätzen der Aufforderung an eine dritte Person lassen sich Sätze rechnen, in denen eine solche Aufforderung als nachträglich einschränkende Bedingung ausgesprochen wird (Bisch. p. 17). So nach der Konjunktion „mais que": Or vostre volenté dites. Mais que me voelliés loiaument tenir chou que m'aves couvent 47.

B. Im Relativsatz.

Der Konjunktiv im Relativsatz folgt in unserem Texte gänzlich dem neufranzösischen Gebrauche. Er steht zum Ausdruck des Willens, wenn für die im Hauptsatze angegebene Thätigkeit der Inhalt des Nebensatzes als die geforderte Beschaffenheit eines Gegenstandes mitgesetzt zu denken ist (Mätzner, Synt.): Or me querés personne ki me soit avenans et bonne 28; que . . . auchun signe certain nous fache. U auchune senefianche Par coi soions en esperanche 59: Liu et jour vous voel assener . . . ou je vous puisse descouvrir 57; Amenuisiés en soit li fais Par signe qui soit ichi fais ki ne soit mie acoustumés . . . 60.

Der Konjunktiv steht im Relativsatze, wenn im Hauptsatze einem Gegenstande ein superlatives Adjektiv oder eines der Wörter seul, unique etc. als Attribut beigegeben wird. Jedoch ist auch der Indikativ zulässig, insofern die mitgesetzte Bestimmung auch als eine unter der Gewähr des Redenden ausgesprochene Beschaffenheit des Gegenstandes erscheinen kann. Nur ein Beispiel bei uns: n'i a un seul qui ne s'en feint 54; zu dem Konjunktiv keines.

Der Konjunktiv steht im Relativsatze nach verneinendem Hauptsatz, welcher den Begriff einer Person oder Sache enthält, die durch die im Nebensatze gesetzte Beschaffenheit ihre unbekannte Allgemeinheit verliert. Hierzu zahlreiche Beispiele, Ausnahmen keine: n'i remaint nus ki n'i aqueure 62; n'aurois homme ki tant en sache ne ki tant aint vostre avantage 23; ebenso 67; 32; 26; 25; 23.

C. Der Konjunktiv in abhängigen Wunschsätzen.

1) Nach den Verben des Willens, nach Ausdrücken des Strebens, nach faire. (Bisch. 32.) voloir: Nostre sires velt entresait que uns seus hom X femmes ait 75; avoir talent: mais talent n'ai que propos tengue 28; aimer miels, valoir miels, voloir miels: et miex vauroit soffrir torment, u qu' on le deust a mort traire 10; molt miex estre morte volroie que la gens de moi mesdesist 24; mettre painne: et mete painne qu' afranchis soit 26; Ja n'a talent que li meffache . . 50; fai tant que je soie creus 48.

Der Indikativ, der nach den Verben des Wollens im Altfrz. vorkommt, (Bisch. 29; 29) erscheint bei uns nicht. Nach den Verben des Zugeständnisses steht der Konjunktiv: bien otroions que la gens die que ç'ait esté par no folie 71.

Statt des Konj. findet sich bis ins 17. Jh. hinein der Imperativ nach Verben des Strebens, sowie nach einigen Verben der Aufforderung: (Haase, Konj. J. 6; 7; Bisch. 33; 40). Dahin ist zu rechnen eine Stelle des R. d. M.: Se mentir m'oés bien me voel assentir que me faites la langhe traire 37.

2) Nach Verben des Fürchtens findet sich im R. d. M. kein Konjunktionalsatz.

3) Der Konj. steht nach Verben der Aufforderung, von denen bei uns erscheinen: loer, querre, priier, ourer, commander: Dont commant-il que faites soient 46; Pour faire toute la gent querre k'il soient au jour et au liu 57; Diu requerommes que, s'il li plaïst, . . auchun signe certain nous fache 59; Mahons commande con se taise 59; je vous lo que jouene homme plain de bufoi . . ne vous assenés 20; lo qu' on lor rendist par accorde 66; proie Diu . . qu' il en fache demoustrée 13; et proie que chascuns oevre et mete painne 26; nous proions que signor prenés 27; Et proie qu' ele lor proumete et que n'en fache longhe dete 28; ebenso proier mit Konj. 53; 56; 67; 62; 76.

4) Nach Ausdrücken des Versprechens, Festsetzens und Uebereinkommens steht meist der Indikativ bei positivem Aussagesatz, weil der Inhalt eines Versprechens, einer Festsetzung, eines Uebereinkommens dieselbe Realität besitzt wie eine bereits vollzogene Thatsache (Bisch. 66, vgl. auch Haase Konj. 8). Hierzu liefert der R. d. M. folgende Belege: Jure que tu ne defferas le temple 47; quant tuit li orent en convent k'il li aideront loiaument 26.

5) Ausdrücke der billigenden oder missbilligenden Beurteilung, welche so beschaffen ist, dass damit ein Wunsch des Urteilenden verbunden ist, wie: drois est, il est bon, raison est, il convient, il avient, il est miels etc. fordern den Konjunktiv, dagegen den Indi-

kativ, wenn der Inhalt des beurteilten Satzes der objektive
bereits in Wirklichkeit vorhandene Grund, und nicht, wie
oben, das zugleich mit erstrebte Ziel ausdrückt. (Bisch. 41
u. 43 §. 2.) Ausser einigen Beispielen, die nicht erkennen
lassen ob Konjunktiv oder Indikativ verwandt ist, findet
sich der Indikativ im R. d. M.: à maint homme avient . . .
qu' il fait miex autrui esplois 22; aussi avint que sains
Thumas mie n'i fu 41; avint que li chevalerie vint 52.
Beispiele zu dem ersten Teile der Regel fehlen.

6) Verba des Affekts hatten im Alt- u. Mittelfranzös.
nach que den Indikativ, bedienten sich jedoch statt des
Nebensatzes mit que einer andern Wendung. (Haase, Konj.
Joinv. 9.) Im R. d. M. kommt que nach Verben des
Affekts nicht vor: grant joie a en son cuer mené de chou
que si bien s'a pené 50; la dame s'en revint molt lie de
chou qu' ele est . . . 49; Hontens de chou que nut le
virent 29; estes tristres devenu pour chou k'ensi m'est
avenu 36; bien estes enrées quant à lui estes mariée 53;
que merveille est se la gens toute ne le croit 57.

7) Verba der Wahrnehmung, des Denkens, der
Aussage. Der Nebensatz mit que nach einem Verb
der Wahrnehmung enthält den Indikativ, so nach
veoir, sentir, conoistre, apercevoir etc. (Bisch. 54):
oiés que Dex m'a mandé 38; a aperchen que le dyable eu
son cors a 8; quant Mahons a aperchen k'il a sa dame
decheue 50. Es steht jedoch nach aperchevoir der Konjunktiv, wenn dasselbe negativ gebraucht ist. In diesem
Falle ist die Wahrnehmung nicht gemacht, also von etwas
irrealem die Rede: nus ne s'est apercheus que par barat
soit dechens 61. Ebenso steht der Konjunktiv in dem
mit que eingeleiteten Nebensatze nach den Verben
cuider, penser, croire, savoir, wenn sie mit der
Negation verbunden sind. Hier erscheint das Gedachte
ebenfalls als unreal: K'il fust si fais pas ne savoit 9; ne
seust mie que de Mahom die 31; ne le cuident si honeste
que cis biens soit dou roi celeste 55. Um eine Thatsache

auszudrücken, findet sich wie im Neufrz. der Indikativ: nais pas ne savoit que Mahons esté i avoit 49.

Abweichend vom Neufrz. gebraucht die ältere Sprache den Konj. auch nach positivem Verb des Denkens, besonders nach cuidier, um auszudrücken, dass der Inhalt des Gedankens irreal sei. So noch im 16. Jh. (Vgl. Darmest. §. 202): la dame cuide k'il soit mors 25; Je cuidai que voir me deisses et que de mot ne me mentisses 44, ebenso nach positivem cuider: 13; 78; 51; 64; 67; 37. Ausser diesen Fällen nach cuidier steht der Konjunktiv im R. d M. nur 2 mal nach positivem savoir: Savoit-il (= Inversion) bien que jamais hons rendre vaincu ne le peust 4; Ains le sai que j'aie ven 46. Im übrigen der Indikativ: 1; 10; 10; 20; 13; 36.

Steht im Hauptsatze ein Verb der Aussage mit der Negation, eine Frage mit negativem Sinne, oder ist der Hauptsatz hypothetisch, so folgt der Konjunktiv. Von den hierher gehörenden Verben wie: dire, tesmoignier, aseurer, conter, demonstrer, enseignier etc. (Bisch. 64 f.) erscheinen bei uns nur dire, afirmer, tesmoigner, und diese nur positiv und mit dem Indikativ so: 10; 13; 25; 41; 54; 58; 64; 67.

8) Von den im R. d. M. vorkommenden Verben des Scheinens steht paroir mit dem Konjunktiv: il pert que del ciel soit venus 51, während sonst das Altfrz. übereinstimmend mit dem Neufr. nach demselben den Indikativ gebraucht (Haase, Konj. 11). Ebenfalls Konj.: il samble que chaste fustes 17; k'il Saule qu'ele art 81; k'il semblast que li veeles l'aourast 52; Il samble que m'ame se deust departir dou cors 48. Dieser Gebrauch war in der älteren Sprache vorherrschend, so z. B. in Chrestien, später begann auch die andere Auffassung neben jener un sich zu greifen und den Konj. zu beschränken (Haase, Joinv. 11; 12).

9) Im indirekten Fragesatze steht bekanntlich im Neufrz. stets der Indikativ, während das Altfrz., wenn auch nicht durchgehend, nach negiertem oder hypothetischem Hauptsatze den Konj. gebraucht (Bisch. 71 ff.): Je

ne sai comment che puisse gouvrener 18; ne set que il fache 10; le saint homme proioit k'il li desist, se lui pleust. Pour coi il laidengié l'eust 9; S'asaie quel saveur ele ait 60. Der Indikativ ist jedoch beliebter: So: 2; 47; 62; 80; 29 etc. In betreff des Konjunktivs des Willens nach anderen Konjunktionen, machen nur die Temporalsätze eine Bemerkung nötig. Dieselben werden im R. d. M. eingeleitet durch ainsque mit dem Konjunktiv 19; 78; dusques (dusque à tant que) mit d. Konjunkt. 50; 52; mit Indikativ 40 41; luesque mit Indikat. 28; 43; 44; 48; 49; 58; 65; tant comme mit Indikat. 82; mit Konj. 27.

Konjunktiv in Komparativsätzen.

Ztschr. V, p. 387 ff. bespricht Horning den Gebrauch des Konjunktivs in Komparativsätzen im Altfrz. und kommt zu der Vermutung, dass diese syntaktische Erscheinung auf einen bestimmten Bezirk der Oïl-Sprache beschränkt war. Neben dem Konjunktiv kommt in den Komp. Sätzen auch der Indikativ vor, das Verhältnis des Vorkommens des letzteren neben dem Konjunktiv ist jedoch für die verschiedenen Denkmäler ein sehr verschiedenes. Horning konstatiert das Fehlen dieses Konj. im Rolandsliede, Chev. au lyon, R. de Troie, Denkmälern, die nicht im Osten geschrieben sind. Er zeigt weiter wie im Münchener Brut, im Fierebras u. Dis dou V. Aniel nur je eine Stelle mit Konjunktiv erscheint, während in der Moral., Job. fragm. neben Stellen mit dem Konjunktiv nur 2 mit dem Indikativ auftreten. Unser Text bevorzugt den Indikativ, unter 8 Belegstellen weist nur eine den Konjunktiv auf: Et plus croit à l'homme saintisme que il ne fait à lui meïsme 10; que il fait miex autrui esploit, Et miels garde les autrui biens Souvent que il ne fait les siens 22; Mahons asses plus asseur k'il ne soloit ... 22; Mais en l'un a plus grant bonté Assés k'il n'a ès autres tous 31; Mahommes, par s'iniquité De molt plus grant auctorité Se fait que estre ne soloit 51; Vous nuiroie plus ke je ne vous aideroie 67; Plus loiaument amés vos hommes que ne fait son fil la mère 56. Konj.: Plus espouronne k'il ne fiere 68.

Lebenslauf.

Geboren am 28. Januar 1855 zu Bornum am Harz als Sohn evangelisch-lutherischer Eltern, besuchte ich von Ostern 1869 bis Ostern 1876 die Realgymnasien zu Braunschweig und Goslar und studierte nach bestandenem Maturitätsexamen Neuere Philologie zu Göttingen bis Michaelis 1879, wirkte dann ein Jahr lang als Lehrer am Deal-College zu Deal (Kent) und bestand am 29. Oktober 1881 zu Göttingen das Examen pro fac. doc. Unmittelbar hierauf wurde ich als wiss. Hilfslehrer an das Grossh. Realgymnasium zu Mannheim berufen, und kehrte nach zweijähriger Thätigkeit und nach einem längern Aufenthalt in Genf Michaelis 1883 in mein Heimatsland Braunschweig zurück, um eine ordentliche Lehrstelle am Realprogymnasium zu Gandersheim zu übernehmen. Das Examen rig. bestand ich am 7. Februar 1885.

Meine Lehrer waren die Herren Professoren: Th. Müller, Baumann, Lotze, Pauli, Steindorff, Wappäus, Goedeke. Ihnen allen schulde ich grossen Dank, nicht minder meinem Examinator in den neueren Sprachen, Herrn Prof. Dr. Vollmöller, der mich bei Anfertigung der vorstehenden Arbeit freundlichst mit Rat und That unterstützte.

Inhalt

A. Einleitung.
B. Sprache: p. 1 — 82.
   I. Lautlehre p. 1 — 27.
      a. Vokale 1.
      b. Diphthonge 11.
      c. Konsonanten 19.
   II. Flexionslehre 27 — 40.
      1. Deklination 27.
      2. Pronomen 32.
      3. Konjugation 36.
   III. Metrik 40 — 43.
   IV. Syntax 43 — 82.
      1. Casus 43.
      2. Pronomina 47.
      3. Komparation 61.
      4. Zahlwort und unbestimmter Artikel 62.
      5. Das Verbum 64 — 82.
          Arten des Verbums 64.
          Person und Numerus 65.
          Gebrauch der Tempora 66.
          Umschreibungen 72.
          Infinitiv 73.
          Partizipien 76.
          Konjunktiv 77.

Berichtigungen:

pag.	3	Zeile	25	l.: é kommt von á st. à.
„	4	„	1 u. 9	l.: Pikardie u. Pikardisch, st. Picardie u. Picardisch.
„	7	„	11	l.: konstatieren, st. constatieren.
„	7	„	31	l.: im Innern, st. im innern.
„	8	„	28	l.: ubi, st. ûbi.
„	14	„	31	l.: Reduktion, st. Reduction.
„	15	„	31	l.: Raynaud, st. Raynand.
„	24	„	2	l.: repondi : di, st. repondidi.
„	24, 27, 28,			l.: in betreff, st. in Betreff.
„	48	„	24	l.: verneinten, st. vereinten.
„	51	„	22	hinter „poissant" ist der Punkt fälschlich gesetzt.
„	66	„	2	l.: fors toi, st. fors soi.
„	67	„	20	l.: der Verba, st. des Verba.
„	67	„	31	l.: estoit, st. estot.
„	70	„	29	l.: Relativsatze, st. Relativsatc.
„	76	„	9	l.: Partizip, st. Particip.
„	76	„	23	l.: p. 73, st. p. 89.

Abkürzungen:

Arch. = Herrigs Archiv.
Bockhoff = Bockhoff, Tempora im Rolandsliede, Münster 1880.
Bischoff = Bischoff, der Konjunktiv bei Chrestien.
Chass. = Chassang, Nouvelle Grammaire française.
Darmest. = Darmesteter et Hatzfeld, Le seizième Siècle en France.
Darin = Darin, Syntaxe du verbe.
Foerst. Aiol = Foerster, Aiol et Mirabel u. Elie de Saint Gille.
Foerst. Chev. = Foerster, Li Chevaliers as deus espees.
Foerst. Rich. = Foerster, Richars li Biaus.
Fallot = Fallot, Recherches etc.
Gess. = Gessner, zur Lehre vom französischen Pronomen. Progr. des Collége Royal Français in Berlin 1873, 1874.
Gött. G. A. = Göttinger Gelehrte Anzeigen.
Haase = Haase, Syntaktische Untersuchungen zu Villehardouin und Joinville, Oppeln 1884.
Haase, Konj. = Haase, Konjunktiv bei Joinville.
Koschw. Charl. = Koschwitz, Ueberlieferung und Sprache der Chanson du voyage de Charlemagne à Jerusalem.
Lücking = Lücking, Älteste Französische Mundarten.
Lachm. = Lachmund, Reiner und Präpositionaler Infinitiv im Altfranzösischen.
M. Brut = Münchener Brut ed Hoffmann u. Vollmöller.
Mall Cump. = Mall, Li Cumpoz Philipe de Thäun, Strassb. 1873.
Neumann = Neumann, zur Laut- und Flexionslehre des Altfranzösischen, haupts. aus pikard. Urkunden, Heilbronn 1878.
Paris, Alex. = G. Paris, Vie de St. Alexis.
Setteg. Ben. = Settegast, Benoit de Sainte-Moor, Breslau 1876.
Such. Auc. = Suchier, Aucassin und Nicolete, Paderborn 1877.

Such. Rp. = Suchier, Reimpredigt.
Tobler, Aniel = Tobler, Li Dis dou vrai Aniel.
Tobler, Versb. = Tobler, vom französischen Versbau alter und neuer Zeit. Leipzig 1883.
Zingerle = Zingerle. Raoul v. Houdenc und seine Schriften. Erlangen 1880.
Frz. Stud. = Französische Studien.
Nfrz. Ztschr. = Zeitschrift für neufranzösische Sprache und Litteratur.
Rom. Stud. = Romanische Studien.
Ztschr. = Zeitschrift für romanische Philologie.
Rom. = Romania.
R. d. M. = Roman de Mahomet.
Burguy = G. F. Burguy, grammaire de la langue d'oïl ou grammaire des dialectes français aux XIIe et XIIIe siecles etc.